1

ESTHER VILAR

# L'HOMME MANIPULÉ

OMNIA VERITAS

ESTHER VILAR

# L'HOMME MANIPULÉ

## DER DRESSIERTE MANN – 1971

*Traduit de l'allemand par Raymond Albeck*

Publié par

OMNIA VERITAS LTD

OMNIA VERITAS

www.omnia-veritas.com

Je dédie ce livre à ceux dont il n'est pas fait mention ici : aux hommes, si rares, qui ne se laissent pas "dresser"; aux femmes, si rares, qui ne se laissent pas acheter ; et à celles, si heureuses, qui n'ont pas de valeur commerciale, parce que trop vieilles, trop laides, ou trop malades.

Esther Vilar

OMNIA VERITAS
Omnia Veritas Ltd présente :
Triptyque sur le conditionement de l'homme par la femme
par
ESTHER VILAR
I
II
III
Une analyse des rapports entre hommes et femmes dans les pays occidentaux

OMNIA VERITAS
ESTHER VILAR
Omnia Veritas Ltd présente :
LE SEXE
POLYGAME
ou
le droit de l'homme
à plusieurs femmes
Esther Vilar, est une féministe, certes, et même une super féministe... mais à contre-courant !
Pamphlet cinglant, d'une humeur impitoyable...!

OMNIA VERITAS
ESTHER VILAR
Omnia Veritas Ltd présente :
POUR
UNE
NOUVELLE
VIRILITÉ
Ce mâle vendu à ses patrons, à l'Etat, à la famille, châtré par le travail productif qui épuise sa puissance...
Une authentique révolution socio culturelle !

# DU BONHEUR DE L'ESCLAVE

L a MG jaune citron dérape. La jeune femme au volant l'arrête non sans impudence, descend et découvre que le pneu avant gauche est à plat. Sans perdre un instant, elle prend les mesures nécessaires pour réparer : elle ne lâche plus du regard chaque voiture qui s'approche comme si elle attendait quelqu'un. À ce signal international standardisé *(faible-femme-victime-de-la-technique-masculine),* une voiture presque aussitôt stoppe. Le conducteur, qui a compris, console déjà : « On va vous arranger ça tout de suite », et pour confirmer qu'il est résolu à tout, demande à la jeune femme son cric. Il ne lui demande pas si elle peut elle-même changer sa roue : elle a la trentaine, elle est vêtue à la dernière mode, bien fardée ; il sait bien qu'elle ne le peut pas.

Comme elle ne trouve pas l'outil, il va chercher le sien, et il apporte du coup tous ses autres. En cinq minutes il a réglé l'affaire et arrimé la roue accidentée à la place prévue. Ses mains sont couvertes d'huile. Elle lui propose son mouchoir brodé, mais il refuse poliment : il a toujours un vieux chiffon dans la boîte à outils pour des cas semblables. Elle le remercie avec effusion, s'excuse de sa gaucherie « typiquement féminine » : sans lui, elle serait encore ici à la nuit tombante. Il ne répond rien, mais referme galamment la portière sur elle et se penche au-dessus de la vitre à demi-baissée pour un dernier conseil : faire réparer très vite le pneu endommagé. Elle l'assure qu'elle avisera le jour même son pompiste habituel. Et elle démarre.

Après avoir rangé ses outils et être revenu seul à sa voiture, l'homme commence à regretter de ne pouvoir se laver les mains. Et ses souliers, qui ont souffert de la glaise humide qu'il a piétinée pour changer la roue, ne sont plus aussi propres que l'exige sa profession — il est représentant. Et s'il veut arriver à temps chez son prochain client, il va falloir qu'il se presse. « Ah ! ces femmes », pense-t-il en mettant le contact, « toutes aussi faibles les unes que les autres ! » Sérieusement, il se demande ce qu'elle serait devenue s'il ne s'était pas arrêté. Pour rattraper son retard, il roule vite, imprudemment, ce qui n'est pas dans ses habitudes. Quelques instants plus tard, il commence à fredonner : d'une manière ou d'une autre, il est heureux.

La plupart des hommes se sont trouvés au moins une fois dans une situation semblable, de même que la plupart des femmes. C'est que, dès que l'occasion s'en présente, la femme, sans hésiter, laisse l'homme travailler pour elle, simplement parce qu'il est homme et elle quelque chose de différent : une femme. Celle dont nous avons fait la connaissance n'aurait pas bougé : elle aurait attendu l'aide d'un homme parce qu'on lui a enseigné que dans le cas d'une panne d'auto, on s'adresse à un homme pour qu'il fasse la réparation, et rien de plus. L'homme au contraire a rendu service, d'une façon efficace, gratuitement, à quelqu'un qui lui est totalement étranger. Il a sali ses vêtements, compromis la conclusion d'une affaire et il risque maintenant un accident en conduisant trop vite. En plus du changement de roue, il aurait procédé volontiers à une douzaine d'autres réparations, tout cela parce qu'à lui aussi, on le lui a appris. Et pourquoi une femme s'occuperait-elle de sa voiture quand les hommes, la moitié de l'humanité, peuvent si bien le faire et sont prêts à mettre tout leur savoir à sa disposition ?

Les femmes laissent les hommes travailler pour elles, penser pour elles, assumer les responsabilités qui leur incombent. Les femmes exploitent les hommes. Or, ils sont forts, intelligents, pleins d'imagination ; elles sont faibles, sottes et ne brillent pas par l'imagination. Comment se fait-il que les femmes exploitent les hommes, et non l'inverse ?

La force, l'intelligence, l'imagination seraient-elles les conditions nécessaires de la servitude, et non de la puissance ? Le monde, loin d'être gouverné par ceux qui ont des capacités, le serait-il par celles qui ne sont bonnes qu'à cela ? Et s'il en est ainsi, comment font-elles pour que les hommes ne se sentent pas trompés, mais croient au contraire être ce qu'ils sont le moins au monde : les maîtres ? Comment leur instillent-elles ce bonheur qu'ils ressentent à travailler pour elles, cette fièvre d'orgueil et de supériorité qui les incite à entreprendre des tâches toujours plus considérables ?

Pourquoi ne démasque-t-on pas la femme ?

# QU'EST-CE QUE L'HOMME ?

Qu'est-ce que l'homme ? L'homme est l'être humain qui travaille. Avec ce travail, il se nourrit, et nourrit sa femme et les enfants de sa femme. Au contraire, la femme est l'être humain qui ne travaille pas, ou seulement de façon provisoire. Pendant la plus grande partie de sa vie, elle ne nourrit personne, ni elle-même ni ses enfants, pour ne pas parler du mari.

La femme appelle *viriles* toutes les qualités de l'homme qui présentent quelque utilité pour elle, et *féminines* toutes celles qui ne servent à rien, ni à elle ni aux autres. Les manifestations extérieures de l'homme ne rencontrent l'assentiment de la femme que si elles sont *viriles,* c'est-à-dire réglées sur le seul but de son existence, le travail, et modelées de sorte qu'à tout moment il puisse accomplir toutes les tâches dont elle le charge.

Sauf la nuit, où la plupart portent des pyjamas à raies de couleur avec seulement deux ou quatre poches, les hommes revêtent une sorte d'uniforme brun ou gris fait d'un matériau non salissant et durable. Ces uniformes, ou « complets » comme on les appelle, comportent un minimum de dix poches où l'homme répartit les accessoires les plus indispensables à son travail pour les avoir toujours à portée de la main. Comme la femme ne travaille pas, ses vêtements n'ont pas de poches, que ce soit le jour ou la nuit.

En société, dans les grandes occasions, l'homme est autorisé à se mettre en noir, teinte plus fragile certes, mais qu'il ne risque guère de salir là où il est ; en outre rien ne met plus en valeur que le noir le bariolage splendide des toilettes féminines. Certes, on rencontre parfois des hommes en vêtements de soirée verts et même rouges : ils font paraître d'autant plus virils leurs semblables plus conformistes.

L'homme a adapté à cette situation le reste de son apparence : ses cheveux ne demandent qu'une taille, un quart d'heure de soins, toutes les deux ou trois semaines. Bouclettes, ondulations, teintures, sont indésirables : elles ne feraient que le gêner dans le travail qu'il accomplit souvent en plein air, ou qui du moins l'oblige à s'y exposer. Et en admettant même qu'il recoure à ces parures et qu'elles lui aillent bien, il n'en tirera pas plus de succès auprès des femmes car, contrairement aux hommes, elles ne jugent jamais le sexe qui n'est pas le leur selon des critères esthétiques. L'homme qui se coiffe quelque temps d'une manière individualiste s'en aperçoit généralement très vite et revient de lui-même aux deux ou trois variantes standardisées des cheveux longs et courts. De même, pour porter long temps une barbe entière, il faut être supersensible — plus ou moins intellectuel fréquemment — et, par le truchement d'une croissance désordonnée du système pileux, vouloir donner une impression de robustesse spirituelle. Comme il s'agit d'un indice non négligeable de la constitution d'un homme et par conséquent du parti qu'on peut tirer de lui, les femmes tolèrent la barbe, indication du domaine qui s'offre à leur exploitation : le travail névrotique de l'intellectuel.

Mais en général, l'homme, pour supprimer sa barbe, utilise trois minutes par jour un rasoir électrique ; l'eau et le savon lui suffisent comme soins cutanés, car on n'exige de lui qu'un visage présentable, net et sans fard, que tout le monde peut ainsi vérifier. Notons ses ongles : pour travailler, il les lui faut aussi courts que possible.

Un homme viril ne porte aucun joyau, sauf son alliance, signe certain qu'il est déjà exploité par une femme particulière. La grosse montre pataude qu'il porte au poignet, résistante aux chocs, étanche à l'eau, avec indication de la date, n'est vraiment pas un luxe. Souvent, c'est un cadeau de la femme pour laquelle il travaille.

Le linge de corps, la chemise et les chaussettes de l'homme viril sont standardisés à tel point qu'il est difficile de les distinguer de ceux d'un autre, sauf peut-être par la taille. On se les procure dans n'importe quel magasin sans perdre de temps. Ce n'est que dans le choix de ses cravates que l'homme disposerait d'une certaine liberté ; seulement, on ne l'a jamais habitué à être libre de quelque façon que ce soit. Aussi abandonne-t-il ce choix, comme celui de toutes les pièces de son habillement, à la femme.

Un observateur venu d'une autre planète croirait que les hommes font exprès de se ressembler autant qu'un œuf à un autre, mais le type de leur virilité, c'est-à-dire la façon dont ils sont utilisables, varie à l'infini. C'est en effet indispensable : du moment que les femmes ne travaillent pas, ou à peine, il faut des hommes pour tout faire.

Il y a donc des hommes qui, à huit heures du matin, sortent du garage, avec précaution, une grosse conduite intérieure. D'autres, une heure plus tôt, ont pris d'assaut un wagon de seconde classe pour se rendre à leur travail. D'autres, encore plus tôt, sont partis à pied, dans la nuit, avec sous le bras la vieille serviette où ils serrent leur bleu de travail et les sandwichs de leur déjeuner, pour gagner l'autobus ou le métro qui les emportera au chantier ou à l'usine. Un destin impitoyable veut que ce dernier groupe, celui des plus pauvres, soit exploité par les femmes les moins attirantes. Car comme la femme ne tient qu'à l'argent de l'homme et l'homme à l'aspect de la femme, les femmes les plus désirables disparaissent aussitôt de ce milieu, enlevées par ceux qui gagnent davantage.

Peu importe comment un homme pris au hasard passe sa journée. Comme tous les autres, il la passe de façon avilissante. Et il ne subit pas ce sort pour lui, pour gagner sa vie : dans ce cas il lui suffirait de bien peu d'efforts, puisqu'il n'accorde aucune valeur au luxe. Il le subit pour d'autres que lui, et avec une fierté infinie : il garde sur son bureau les photos de sa femme et de ses enfants, et il les exhibe à toute occasion.

Quoi que fasse un homme, qu'il compare des chiffres au tabulateur, soigne des malades, conduise un autobus ou dirige une entreprise, il fait partie dès qu'il travaille d'un système gigantesque et impitoyable, organisé seulement en vue de l'exploiter au maximum, et il en demeure toute sa vie le prisonnier.

Il est sans doute intéressant de comparer au tabulateur des sommes avec d'autres sommes, mais combien de temps ? Toute une vie durant ? Sûrement pas. Peut-être est-ce une impression fantastique que de diriger un autobus à travers une ville ? Mais le même autobus, sur le même trajet, dans la même ville, bon an, mal an...? Et il est certainement passionnant d'exercer son pouvoir sur un grand nombre d'êtres humains, mais quoi donc, si l'on découvre soudain qu'on est l'esclave de son entreprise plus que son maître ?

Nous livrons-nous aujourd'hui aux jeux qui nous passionnaient enfants ? Non, naturellement. Et même alors, ce n'était pas toujours le même jeu, nous en changions dès que nous en avions envie. L'homme est comme un enfant qui ne connaîtrait qu'un jeu. La raison en est évidente : dès qu'on le loue pour une chose plus que pour toutes les autres, il s'y spécialise, et parce qu'il est « doué » pour cela et qu'il gagne ainsi plus d'argent, on l'y condamne à jamais. Calcule-t-il bien en classe, il passera sa vie à calculer — comptable, mathématicien, programmeur — puisque c'est là qu'on tirera de lui le rendement maximum. Il calculera donc, il comparera des chiffres au tabulateur, fera fonctionner des machines à calculer, comparera encore des chiffres sans jamais pouvoir se dire : « Maintenant j'en ai *marre. Je* vais chercher autre chose. » Chercher autre chose ? Jamais la femme qui l'exploite ne le lui permettra *vraiment.* Peut-être, aiguillonné par elle, grimpera-t-il, après une série de conflits meurtriers, au sommet de la hiérarchie de son servage, peut-être deviendra-t-il fondé de pouvoir, directeur de banque ? Mais à quel prix ?

Un homme qui change une seule fois de vie — c'est-à-dire de profession puisque vivre est pour lui travailler — inspire déjà moins de confiance. S'y risque-t-il à plusieurs reprises, la société le rejette et il reste seul. Car la société, ce sont les femmes.

La peur qu'inspire une telle conséquence, un tel rejet, doit être considérable. Un médecin (qui étant gosse a élevé pendant quelque temps des têtards dans un pot à confiture) accepterait-il autrement de passer toute sa vie à débrider des abcès écœurants, à contempler toutes les sécrétions humaines possibles, à fréquenter jour et nuit des êtres dont le seul aspect ferait fuir tout autre que lui ? Le pianiste, qui n'a été qu'un enfant sensible à la musique, interpréterait-il pour la millième fois le même nocturne de Chopin ? Le politicien qui jadis, dans le préau de son école, a trouvé par hasard la poignée de ficelles au moyen desquelles on agite les hommes, avec, du même coup, le don de l'entregent, continuerait-il à répéter, une fois adulte, pendant des dizaines d'années, les mêmes phrases dépourvues de sens qui font partie de son rôle de sous-fifre, ferait-il toujours les mêmes grimaces, supporterait-il les discours atroces de ses concurrents, sous-fifres comme lui ? Il avait rêvé d'une autre vie, lui aussi ! Et en admettant qu'à force de suivre cette voie, il arrive à être président des États-Unis d'Amérique : le prix qu'il aura payé pour y parvenir ne sera-t-il pas, encore une fois, un peu trop élevé ?

Non, on conçoit mal que les hommes acceptent de faire ce qu'ils font sans avoir le désir d'en changer. Ils s'y prêtent parce qu'on les a *dressés* à le faire, parce qu'on les a *domestiqués*. Leur existence entière n'est que la misérable séquelle d'un dressage. L'homme qui ne sait plus exécuter son numéro, qui gagne moins d'argent, cet homme-là culbute et perd tout : sa femme, sa famille, son foyer, le sens de sa vie — son dernier refuge.

On pourrait dire, évidemment, que l'homme qui ne gagne plus assez d'argent redevient automatiquement libre et qu'il devrait s'en féliciter. Mais l'homme ne souhaite pas la liberté. Comme nous le verrons plus tard, il fonctionne d'après un modèle imposé, celui de l'*angoisse de la liberté*. Être libre à perpétuité lui serait plus atroce qu'esclave à vie.

Soit dit en d'autres mots : l'homme recherche sans cesse un maître, quelqu'un ou quelque chose, parce qu'il ne se sent pas en sécurité dès qu'il n'est plus asservi. Or, son choix tombe le plus souvent sur la femme. Mais qu'est-elle donc pour que ce soit précisément à elle qu'il doive la dégradation de sa vie, pour qu'il se laisse exploiter et asservir d'après les règles de l'art, pour que ce soit *justement elle* qui lui donne ce sentiment de sécurité ?

# QU'EST-CE QUE LA FEMME ?

Nous avons dit que la femme, par opposition à l'homme, est l'être humain qui ne travaille pas. En ce qui la concerne, il n'y a pas grand-chose à dire de plus. On pourrait donc se contenter de cette définition si le concept *être humain* n'était trop étendu, trop imprécis, pour rendre compte à la fois de l'homme et de la femme.

À l'être humain, le fait de vivre offre le choix entre une existence inférieure, réduite aux fonctions animales, et une vie spirituelle. Incontestablement, la femme penche vers la première : son bien-être physique, son nid, la possibilité d'appliquer en paix les règles de la couvaison, voilà son idéal le plus élevé.

Or, on considère comme prouvé qu'hommes et femmes naissent doués de facultés égales et qu'il n'y a aucune différence d'intelligence, à l'origine, entre les deux sexes. Mais il est établi de même que les facultés qu'on ne développe pas dépérissent : les femmes, faute d'exercer leur intellect et leur esprit, démantèlent de gaieté de cœur l'ensemble de cet appareillage et, après quelques années d'entraînement intellectuel sporadique, s'immobilisent au stade inférieur d'une bêtise incurable.

Pourquoi la femme n'emploie-t-elle pas son cerveau ? Parce que, pour rester en vie, elle n'a besoin d'aucune faculté d'ordre spirituel. Théoriquement, une jolie femme qui n'aurait que l'intelligence d'un chimpanzé réussirait parfaitement dans une société humaine.

En général, son intelligence se bloque au plus tard à douze ans, c'est-à-dire à l'âge où elle décide de se livrer un jour à la prostitution en trouvant un homme qui travaille pour elle contre le prêt, à intervalles réguliers, de son vagin. Certes, elle poursuivra des études, obtiendra même tout un salmigondis de diplômes, car l'homme croit qu'une femme qui a beaucoup appris par cœur sait quelque chose, et un diplôme augmente à ses yeux la valeur commerciale de ce qu'il convoite. Mais en réalité les voies des deux sexes se séparent là une fois pour toutes. À partir de ce moment, toute possibilité de communication entre l'homme et la femme est coupée, et pour toujours.

C'est l'origine d'une des erreurs les plus importantes que commet l'homme dans son appréciation de la femme : il la tient pour son égale, c'est-à-dire pour un être humain dont le fonctionnement sentimental et intellectuel se situe à peu près dans les mêmes domaines que le sien. Un homme a beau étudier le comportement de sa femme, il ne le fait que du dehors, en écoutant ce qu'elle dit, en la voyant agir, s'occuper. Quand il déduit de ces manifestations extérieures ce qu'elle pense, c'est sa propre échelle de valeurs qu'il utilise finalement pour la juger. Ce qu'il arrive à savoir, c'est ce que *lui* dirait, ferait, penserait à sa place à *elle*. Et si le résultat de ses observations, d'après son échelle de valeurs, est assez déprimant, il en conclut seulement que quelque chose doit empêcher la femme de se comporter comme il le ferait s'il était elle. Car il se tient pour la mesure de toute chose, et avec raison, si l'on définit l'être humain comme un être pensant.

Par exemple, s'il observe qu'une femme passe tant et tant d'heures par jour à faire la cuisine, le ménage et la vaisselle, il n'imaginera pas un instant que ces tâches puissent la satisfaire puisqu'elles conviennent idéalement à son niveau intellectuel. Il croira qu'elles l'empêchent de s'occuper d'autre chose, et s'efforcera de mettre à sa disposition un lave-vaisselle automatique, un aspirateur à poussières et des plats cuisinés. Il voudra la débarrasser de ces travaux stupides, lui permettre de mener l'existence dont il rêve lui-même.

Et là, il se trompe : au lieu de commencer à s'intéresser à la vie spirituelle, à s'inquiéter de politique, d'histoire ou d'exploration spatiale, la femme utilise le temps devenu libre à faire de la pâtisserie, à repasser de la lingerie, à coudre et à tricoter ou, quand elle a vraiment l'esprit d'entreprise, à décorer les agencements sanitaires de sa salle de bains avec des guirlandes de petites fleurs.

Au fond, est-il un seul homme qui attache vraiment de la valeur aux sous-vêtements repassés, aux décors de petites fleurs et aux gâteaux qui ne viennent pas de chez le pâtissier ? Comme la femme parvient à lui faire croire que tout cela est nécessaire ou fait pour le moins partie de la « culture », il lui invente la machine à repasser, la pâte — toute prête — à pâtisserie, des distributeurs de papier hygiénique déjà décorés de petites fleurs. Mais la femme n'en est pas plus pour cela, elle ne s'intéresse pas davantage à la politique, et l'exploration de l'univers la laisse totalement froide. Le temps libre que l'homme lui procure arrive juste à point : enfin, elle va s'occuper d'*elle-même.* Et puisque les aspirations spirituelles, comme on le sait, lui sont étrangères, elle comprend naturellement par là s'occuper de son aspect extérieur.

L'homme, qui aime la femme et souhaite passionnément, par-dessus tout, son bonheur, la suit encore sur ce terrain : il produit pour elle du rouge à lèvre qui ne tache pas, du noir aux yeux qui ne la fait pas pleurer, des bigoudis chauffants qui remplacent ses ondulations absentes, des blouses plissées qu'elle n'a plus à repasser, des sous-vêtements qu'elle jette au fur et à mesure qu'ils sont sales. Car il a toujours le même but, la délivrer de ces mesquineries une fois pour toutes, lui permettre de réaliser en elle ce qui est spécifiquement féminin et donc étranger à son esprit d'homme, satisfaire les aspirations « élevées »

— à ce qu'il croit — de la nature plus délicate, plus sensible, de la femme, pour qu'enfin elle puisse mener la seule et unique existence qu'il considère digne d'être vécue : une vie d'homme *libre*.

Et il attend toujours.

Comme la femme ne vient pas à lui, il commence à l'attirer dans son univers. Il multiplie les écoles mixtes pour l'habituer dès l'enfance à son style de vie ; il recourt à tous les prétextes possibles pour qu'elle fréquente les universités qu'il a créées, pour qu'elle s'initie aux secrets qu'il a découverts, dans l'espoir que l'approche directe des grandes choses lui en donnera le goût. Il lui ouvre l'accès des dernières fonctions honorifiques dont il se réservait jusqu'alors l'exclusivité, rompant ainsi avec des traditions qui lui étaient sacrées. Il l'incite à prendre conscience de son droit de vote afin qu'elle puisse, selon ses conceptions féminines, modifier les systèmes qu'il a imaginés pour administrer l'État, peut-être dans l'attente que son action politique lui apportera la paix, car il va jusqu'à lui attribuer une sorte de charisme pacificateur.

Il s'accroche avec tant d'acharnement et de conséquence à ce qu'il suppose être sa tâche qu'il ne voit plus à quel point il est ridicule. Ridicule d'après son échelle de valeurs, naturellement, et non d'après celle de la femme. Car, celle-ci, incapable de se distancer de l'objet, manque complètement d'humour !

Non, les femmes ne se moquent pas des hommes. Elles peuvent tout au plus s'irriter, un jour, à leur sujet. Les vieilles façades — obligation du ménage, soins des enfants — derrière lesquelles elles dissimulent leur refus d'une vie spirituelle, sont encore debout malgré leur délabrement, et elles leur servent à justifier, ne serait-ce qu'un peu ou pour la forme, leur fuite prématurée de l'université et leur répudiation de toute carrière où il faut vraiment assumer une responsabilité. Que se passera-t-il lorsque le travail ménager sera *encore* plus automatisé, qu'il y aura *pléthore* de garderies d'enfants, ou quand les hommes découvriront — ce qu'ils auraient pu faire depuis longtemps — que pour vivre on n'a absolument pas besoin d'*enfants* ?

Il suffirait que l'homme s'arrête, interrompe une fois seulement son activité aveugle et en fasse le bilan, pour qu'il s'aperçoive que tous ses efforts pour la promotion spirituelle de la femme sont restés vains. Certes, elle est de jour en jour plus toilettée, plus soignée, plus « cultivée », mais ses exigences croissantes demeurent purement matérielles, jamais spirituelles.

Par exemple, le mode de penser que l'homme lui enseigne dans ses universités l'a-t-elle incitée, une fois, à développer une théorie qui lui soit propre ? S'est-elle livrée, une fois, à une recherche personnelle dans les instituts de recherches où il l'accueille ? L'homme devra s'apercevoir peu à peu que tous ces livres merveilleux qu'il tient à sa disposition dans les bibliothèques où il la convie, la femme simplement ne les lit pas ; que toutes les œuvres d'art fantastiques qu'il lui propose dans ses musées ne sont pour elle, dans le meilleur des cas, que matière à imitation ; qu'on ne juge tous les appels à la libération qu'il lui prodigue dans les films et dans les pièces de théâtre où il s'efforce de s'abaisser à son niveau et de parler son langage, que d'après leur valeur récréative et que jamais, au grand jamais, ils ne provoquent chez elle la moindre révolte.

Il est tout à fait logique que l'homme, qui tient la femme pour son égale et assiste à l'existence stupide qu'elle mène à ses côtés, se persuade que c'est *lui* qui l'opprime. Pourtant, aussi loin que remontent nos souvenirs, la femme n'a jamais été forcée de se soumettre, d'une manière ou d'une autre, à la volonté de l'homme. Elle a toujours eu toutes les possibilités de se rendre indépendante. Si depuis tout ce temps elle ne s'est jamais libérée de son « joug », il n'y a à cela qu'une explication : ce joug n'a jamais existé.

L'homme aime sa femme, mais tout en la méprisant, parce qu'un être qui sort chaque matin de chez lui, plein d'énergie, pour conquérir un monde nouveau — ce qui évidemment n'arrive que rarement puisqu'il doit peiner pour gagner sa vie — ne peut que mépriser l'être qui refuse de le faire. C'est peut-être la raison de tous ses efforts pour favoriser le développement spirituel et intellectuel de la femme : ayant honte pour elle, il croit qu'elle aussi a honte. Par gentillesse de cœur, il voudrait la tirer de son embarras.

Ce qu'il ignore, c'est que les femmes ne connaissent pas cette curiosité, cette ambition, ce besoin d'agir qui lui paraissent si naturels. Elles ne participent pas à l'univers masculin parce qu'elles ne le veulent pas : elles n'ont aucun besoin de lui. Le type d'autonomie de l'homme serait pour elles dépourvu de toute valeur, elles ne ressentent pas leur dépendance. La supériorité spirituelle et intellectuelle de l'homme ne les choque nullement ; dans ce domaine, elles n'ont aucune ambition.

*La femme peut choisir,* et c'est ce qui lui assure une telle supériorité, une supériorité infinie, sur l'homme : elle a le choix entre la forme de vie de l'homme, et celle d'une sotte créature de luxe, d'un parasite ; presque toujours, elle choisit la seconde possibilité. L'homme, lui, n'a pas ce choix.

Si les femmes se sentaient opprimées par les hommes, elles éprouveraient envers eux le sentiment de haine ou de peur qu'inspire tout oppresseur. Or, les femmes ne haïssent pas les hommes et ne les craignent pas. Si les hommes les humiliaient par la supériorité de leurs connaissances, elles chercheraient à devenir leurs égales en se servant des moyens mis à leur disposition. Si elles avaient l'impression de ne pas jouir d'assez de liberté, elles auraient réussi à se libérer au moins de nos jours, sous cette constellation favorable de leur histoire.

En Suisse, l'un des pays les plus évolués du monde et où les femmes n'ont bénéficié du droit de vote qu'à une époque récente, un canton a voulu les laisser décider elles-mêmes de l'opportunité de cette mesure : la majorité d'entre elles ont refusé ce droit de vote. Les hommes, consternés, ont cru voir dans ce comportement indigne la conséquence de leur tutelle séculaire.

Comme ils se trompent ! La femme n'a pas du tout l'impression d'être sous tutelle. L'une des nombreuses vérités déprimantes concernant les rapports entre les deux sexes est que, dans l'univers de la femme, l'homme n'existe pratiquement pas. Il n'y occupe pas la place nécessaire pour qu'elle se révolte contre lui. La dépendance de la femme à son égard est purement matérielle, d'un type purement « physique ». C'est celle du touriste par rapport à sa compagnie d'aviation, du cafetier qui recourt à son percolateur, de l'auto qui ne marche pas sans essence, du téléviseur qui a besoin du courant. Ce type de dépendance n'engendre guère d'angoisse spirituelle.

Ibsen, qui a commis la même erreur que tous les hommes, s'est donné la peine de rédiger avec sa *Maison de Poupée* une sorte de manifeste qui s'adressait à toutes les femmes. Mais la première représentation, en 1880, n'a agi comme un choc que sur les hommes, qui se sont alors jurés de lutter avec encore plus d'acharnement pour assurer à la femme des conditions de vie dignes d'un être humain.

Du reste, cette lutte pour leur émancipation devait aboutir chez les femmes, comme d'habitude, à une variation de la mode : pendant quelque temps, elles se sont plues à jouer la mascarade de la suffragette, dont on s'est moqué si souvent.

La philosophie de Sartre a produit sur elles un effet d'une profondeur semblable. Pour prouver qu'elles l'avaient bien compris, elles se sont laissées pousser les cheveux jusqu'à la taille et ont mis des pantalons et des pull-overs noirs.

Le même phénomène vient de se produire avec la doctrine du président Mao Tsé-toung : pendant toute une saison on a vu triompher le « Mao-Look ».

# L'HORIZON FÉMININ

Quoi que fassent les hommes pour en imposer aux femmes, dans le monde des femmes, ils ne comptent point. Dans le monde des femmes, seules comptent les autres femmes.

Lorsqu'une d'elles remarque qu'un homme dans la rue se retourne sur elle, naturellement, elle s'en réjouit. Si l'homme est habillé de façon coûteuse ou roule dans une voiture de sport grand luxe, sa joie est d'autant plus grande, joie comparable à celle d'un porteur d'actions qui lit un rapport de bourse favorable. Pour la femme, que l'homme soit bien physiquement ou non, sympathique ou non, intelligent ou non, ne joue absolument aucun rôle. L'actionnaire lui non plus ne se préoccupe pas de la couleur de l'encre dont on imprime son coupon.

Mais qu'au contraire une femme s'aperçoive qu'une autre se retourne sur elle — ce qui en réalité n'arrive que dans des cas extrêmement rares, car elles emploient pour se juger réciproquement des étalons de mesure bien plus impitoyables que ceux des hommes — alors, elle a atteint son objectif le plus élevé. C'est pour cela qu'elle vit, pour être reconnue, admirée, « aimée », par les autres femmes.

Car dans l'univers féminin, seules existent les autres femmes ; les femmes qu'elles fréquentent en allant à l'église, dans les soirées familiales ou au supermarché ; les femmes avec lesquelles elles s'entretiennent au-dessus de la haie de leur jardinet ; les femmes qu'elles ont l'air d'ignorer dans le tumulte des rues élégantes du grand commerce ou dans les manifestations et soirées mondaines. C'est avec ce que contient *leur* petit crâne, et non celui des hommes, qu'elles se jaugent mutuellement, c'est *leur* jugement qui compte, et pour un simple compliment de la bouche d'une autre femme, elles renoncent volontiers à toutes les louanges maladroites, toujours entachées d'un peu de dilettantisme, d'un soupirant. Car les hommes ne savent pas dans quel monde elles vivent réellement ; si bien que, dans leurs hymnes de louanges, ils omettent sans cesse les points importants.

Les femmes ne veulent-elles pas plaire aux hommes ? Mais si, puisqu'ils garantissent leur vie matérielle. Toutefois, les besoins masculins seraient satisfaits à beaucoup moins de frais : devant la femme, l'homme réagit pour ainsi dire exclusivement au symbolisme sexuel et à l'étrangeté que confère une touche de fard, par exemple une longue chevelure, des lèvres peintes, un pull-over qui moule le corps, une jupe courte, des bas transparents, des talons hauts. Mais les chefs-d'œuvre féminins vivants qu'on rencontre dans les rues du grand commerce élégant de Paris, de Rome et de New York, sont très loin de ce que souhaite et de ce que comprend l'homme. Bien placer sur ses paupières une ombre qui s'achève par un dégradé exige une haute culture ; le choix d'un certain rouge à lèvres, la technique de l'appliquer, directement ou au pinceau, en une seule couche ou en plusieurs, l'obtention du meilleur des rapports entre l'effet désiré et l'effet fortuit des faux cils, et finalement l'accord en soi et l'harmonie générale de la robe, de l'étole, du manteau et de l'éclairage, tout cela est du domaine d'une spécialiste. Un homme n'y comprend rien, il n'a aucune culture dans cette mascarade féminine et ne peut donc juger de manière adéquate ce genre de chefs-d'œuvre ondoyants. Il faut y consacrer du temps, de l'argent, une étroitesse d'esprit infinie, toutes conditions qui ne s'épanouissent que chez les femmes.

En d'autres mots, une femme cherche à impressionner un homme seulement dans la mesure nécessaire pour qu'il reste avec elle et, au sens le plus étendu du mot, l'alimente. Tous ses autres investissements ont pour but exclusif la femme. En dehors de cette fonction alimentaire, elle n'accorde à l'homme aucune valeur.

Lorsqu'un entrepreneur recherche d'urgence de la main-d'œuvre, il tente de l'appâter par tous les moyens jusqu'au moment où elle cède : il sait qu'une fois le contrat signé, il se rattrapera vite à ses dépens puisque c'est lui qui tient la queue de la poêle. Il en est de même avec les femmes : elles ne lâchent à leur mari que la longueur de laisse qui l'incite à rester près d'elle plutôt que d'annuler le contrat.

On peut parfaitement comparer la femme à une entreprise, système neutre programmé pour réaliser le maximum de gain : la femme se lie sans amour, sans méchanceté ni haine personnelle, à l'homme qui travaille pour elle. S'il l'abandonne, l'angoisse naturellement la saisit, car son existence économique est en jeu. Sous cette angoisse aux causes rationnelles ne s'ouvre aucun abîme infini, et sa compensation est elle aussi d'ordre logique : par exemple, il suffit de prendre un autre homme sous contrat. Cette angoisse n'a rien à voir avec les sentiments d'un mari ou d'un amant qui, dans la même situation, est torturé par la jalousie et souffre, en proie au complexe d'infériorité.

Lorsqu'un homme quitte une femme, c'est toujours pour une autre et jamais pour être libre. Elle n'a donc aucune raison de l'envier ou de le jalouser : du point de vue féminin, la situation de l'homme ne s'est pas améliorée. Cette aventure existentielle, ce nouvel amour qui l'entraîne vers une autre, la femme abandonnée le considère à la manière du petit patron qui, perdant son meilleur employé au profit d'un concurrent, passe par les affres de devoir dénicher un remplaçant. Pour elle, un chagrin d'amour n'est, dans le meilleur cas, que le sentiment de voir une belle affaire s'évanouir en fumée.

Aussi un homme fait-il une fois de plus preuve d'absurdité quand il admire la *fidélité* de sa femme parce qu'elle ne le trompe pas avec des hommes qu'il trouve beaucoup plus attirants que lui. Pourquoi le ferait-elle tant qu'il travaille bien et qu'il lui procure ainsi les joies qui lui importent *vraiment* ? La fidélité d'une femme n'a fondamentalement rien de commun avec celle de l'homme : contrairement à lui, elle demeure pour ainsi dire indifférente à l'aspect extérieur de son compagnon. Lorsqu'elle flirte avec le meilleur ami de la maison, elle ne pense pas à son mari, mais à contrarier la femme de l'ami ; car elle ne s'intéresse qu'aux sentiments des femmes (s'il s'agissait vraiment de l'homme, elle ne jouerait pas aussi ouvertement cette comédie). Dans les relations sexuelles en groupe, nouvelle mode qui n'est qu'une variante des flirts fréquents dans la bonne société, la femme ne voit que les autres femmes et non les hommes. L'histoire fourmille d'anecdotes sur les rois et les princes qui ont eu simultanément plusieurs maîtresses. On ne rapporte pas grand-chose de semblable sur les potentats féminins : c'est qu'une femme s'ennuie à mort dans une partouze où elle est seule de son sexe. Cela a toujours été et sera toujours.

Si les femmes réagissaient à la bonne mine des hommes, la publicité se servirait d'eux depuis longtemps. Car, grâce à l'argent que les hommes leur donnent, elles disposent d'une puissance d'achat bien supérieure à la leur (il existe sur ce point des statistiques fort instructives), et les fabricants chercheraient naturellement à pousser la vente de leurs produits par des photos et des réclames où figureraient de beaux hommes puissants dont ils accuseraient les caractères sexuels secondaires. Or c'est le contraire qui est vrai : les agences de publicité, pour vendre des voyages à forfait, autos, détersifs, appareils de télévision ou chambres à coucher nouveau modèle, nous les font présenter par de jolies femmes.

Les producteurs de films découvrent enfin, mais lentement, que les femmes se contentent parfaitement d'artistes aussi laids que Belmondo, Walter Matthau ou Dustin Hoffman, au lieu des beaux acteurs de jadis. Puisqu'ils accordent peu de valeur à leur physique et ne se croient beaux qu'exceptionnellement (ils ne voient la beauté que chez les femmes), ils s'identifient plus facilement à des interprètes qui ne sont pas des Apollons. Pourvu que les principaux rôles féminins soient tenus par de belles vedettes, les femmes absorbent ces films avec autant de plaisir que ceux où jouerait un Rock Hudson ; en fait, elles ne s'intéressent qu'aux femmes qu'elles y voient.

Si cette vérité échappe à l'homme, c'est parce que les femmes, devant lui, se dénigrent constamment : lorsqu'un mari entend son épouse critiquer le nez crochu, la gorge plate, les genoux cagneux et les hanches volumineuses de madame X. il en déduit logiquement que les femmes ne peuvent pas se sentir entre elles ou du moins qu'elles se trouvent totalement dépourvues d'attraits. Quelle erreur grossière ! Si le patron d'une firme louait sans arrêt, devant son personnel, une firme concurrente, on le tiendrait pour fou, et ses meilleurs employés le quitteraient bientôt. Les politiciens jouent la même comédie en se vouant publiquement aux gémonies : Nixon préférerait mille fois, en cas d'exil sur une île déserte, s'y trouver en compagnie de Kossyguine ou de Fidel Castro plutôt qu'avec l'Américain moyen qu'il encense et qui a voté pour lui. Cet Américain moyen et lui n'ont pour ainsi dire aucun point commun.

Dès que les femmes peuvent subvenir à leurs besoins matériels, on constate qu'elles préfèrent la société des autres femmes à celle des hommes. Ce n'est pas qu'elles soient toutes lesbiennes. Cette tendance n'a probablement rien à voir avec le désir sexuel. La vérité est que les deux sexes n'ont pour ainsi dire aucun intérêt semblable. Que rechercheraient donc les femmes chez les hommes, si ce n'est leur argent ? Entre elles, elles ont au contraire des quantités de choses à se dire, car leur intelligence et leur vie sentimentale se sont cristallisées à un niveau primitif, universel, si bien qu'il n'y a guère de femme individualiste ou qui recherche la solitude. On imagine très bien la vie excitante qu'elles mèneraient ensemble si elles étaient seules, une vie paradisiaque peut-être, malgré un niveau de bassesse effroyable.

Mais cette bassesse, qui gênerait-elle ?

# LE BEAU SEXE

P our un observateur extra-terrestre, l'homme serait certainement, sur cette planète, l'être le plus cligne d'être adoré ; de toute façon, l'homme lui paraîtrait sans aucun doute plus attirant que, par exemple, la femme. Car il a sur elle deux avantages : il est beau, et il est intelligent.

Ce n'est qu'à la suite d'une confusion séculaire de tous les étalons de valeur qu'il est devenu possible d'affirmer que les femmes constituent « le beau sexe ». Leur bêtise relative, à elle seule, suffirait à démentir cette prétention absurde. Un homme bête ne peut jamais être beau ; soutenir le contraire, c'est nier la caractéristique essentielle de l'être humain. Et il faut insister sur un point : l'homme lui-même commet cette erreur en jaugeant la valeur de la femme d'après un gabarit commun aux espèces humaine et animales. Mais c'est indispensable, car à l'échelle de l'*Homo sapiens,* la femme n'a pas la moindre chance.

Nous le constaterons souvent encore : l'homme a besoin de la femme pour se soumettre à elle, et afin de se justifier, il ne néglige rien pour la parer de qualités qui justifie cette attitude. Étant donné qu'il n'a jamais mis l'esprit de la femme à l'épreuve, il lui serait difficile d'affirmer qu'elle est un parangon de spiritualité (il s'y est pourtant efforcé en inventant le concept de l' « intuition féminine »). Alors, il dit qu'elle est belle.

En esthétique, toute conception est subjective ; tout jugement, un acte individuel et libre. Mais la subjectivité se transforme aisément en alibi, et l'homme aime être esclave. Comme la femme s'attife d'une manière qui vise à attirer sur elle tous les regards, il en déduit qu'il existe une raison valable pour qu'elle agisse ainsi : puisqu'elle se trouve belle, c'est qu'elle l'est. Et il lui est reconnaissant de lui permettre de la trouver belle.

Pour soutenir cette prétention, la femme recourt à un artifice de plus. Comme son idéal le plus élevé, vivre sans travail et sans responsabilité, est demeuré celui de l'enfant, elle fait l'enfant. Les bébés nous « émeuvent » par leur incapacité à se débrouiller seuls ; ils ont un petit corps et de petits membres joyeux, une peau immaculée, jeune, délicate, tendue sur de petits matelas de graisse. On les fait rire facilement, ils se conduisent de façon amusante, ce sont de mignonnes réductions des adultes, et comme ils ne peuvent se nourrir eux-mêmes, il va de soi qu'on s'occupe d'eux et qu'on se charge de toutes leurs difficultés. Un mécanisme biologique y pourvoit : une espèce qui laisse périr sa postérité, disparaît.

Grâce à des procédés cosmétiques raffinés dont le but est de lui conserver l'aspect d'un bébé, grâce à un gentil babil désarmé et désarmant dans lequel les exclamations de surprise, de saisissement et d'admiration (« Oh ! », « Ah ! », « Merveilleux ! ») tiennent le rôle principal, la femme essaie de faire miroiter aux yeux de son entourage, aussi longtemps qu'elle le peut, tous les charmes d'une douce et tendre petite fille. Ce visage enfantin et cette comédie de l'impuissance en appellent à l'instinct de protection de l'homme et l'incitent à subvenir à tous les besoins de sa compagne.

Ce calcul, comme tout ce qu'entreprend la femme, est si bête et si mesquin que sa réussite tient presque au prodige.

En effet, en vulgarisant partout, comme idéal de la beauté féminine, le « baby-look », elle se retrouve, au plus tard à vingt-cinq ans, au fond de l'impasse qu'elle a elle-même créée. On a beau lire textuellement dans les publications féminines que la femme peut et doit remédier aux rides que provoquent chez elle « les réflexions et le rire », tous les artifices de l'art cosmétique ne peuvent empêcher son visage de devenir, à cet âge, celui d'un être adulte. Et que voulez-vous que fasse d'une femme adulte l'homme dressé à ne trouver belles, adorables et dignes d'être servies, que de mignonnes petites filles ?

Que peut-il faire d'une dame dont les rondeurs fermes et lisses sont devenues des amas de graisse tremblotants recouverts d'une peau blafarde et flasque ? Dont la voix criarde a perdu son charme enfantin ? Dont le rire spontané et joyeux s'est mué en un hennissement saccadé ? Comment pourrait-il supporter cet épouvantail vieilli dont le verbiage sot et rebutant, maintenant qu'il ne sort plus d'une bouche d'enfant, lui déchire les nerfs, ce visage où les « Ah ! » et les « Oh ! » de surprise amènent de moins en moins l'expression d'un étonnement naïf, et de plus en plus celle de la faiblesse d'esprit ? Comment cette momie d'enfant éveillerait-elle chez lui des rêves de désir, de l'érotisme ? On pourrait donc croire que c'en est fait de son pouvoir.

Le calcul des femmes est différent, comme nous l'avons dit, et pour deux raisons : d'abord, les enfants qu'elles ont entretemps les aident à jouer une fois de plus la comédie du besoin de protection et, ensuite, il n'y a pas assez de femmes *jeunes* sur terre.

Il va de soi que les hommes, s'ils en avaient le choix, abandonneraient de grand cœur leurs femmes-bébés adultes pour d'autres qui ne le sont pas encore devenues. Mais comme le nombre des hommes et des femmes s'équilibre à peu de chose près, tout homme ne peut à tout moment disposer d'une femme jeune, et comme il lui en faut une quelle qu'elle soit, il reste avec celle qu'il a.

Il est facile de le prouver. Dès qu'un homme a réellement le choix, il choisit la plus jeune. Marilyn Monroe et Liz Taylor étaient finies du jour où elles n'ont pas réussi, pour la première fois, à replâtrer leurs petites rides : l'homme s'est tout simplement offert son billet de cinéma là où jouait une actrice plus jeune. Quand ses moyens financiers le lui permettent, il ne se contente pas de passer à la caisse du cinéma, mais s'adresse à celle de la vie. Les grands hommes de la finance et du « show business » échangent régulièrement l'épouse usagée contre une autre plus jeune. S'ils lui offrent une bonne pension alimentaire, personne n'y trouve à redire, pas même l'épouse (vraisemblablement heureuse d'être quitte, à si bon compte, de son mari).

Mais seuls les riches peuvent se payer ce luxe. Quand un pauvre diable fait l'important et, dans un moment d'enthousiasme et d'aberration, s'offre pour la seconde fois une jeune femme, il peut être sûr de se retrouver bientôt seul parce que son argent ne suffit pas à l'entretien de deux foyers (et des enfants sur lesquels la nouvelle élue compte, elle aussi, pour assurer son avenir). Lorsqu'une femme a le choix entre deux hommes, l'un âgé et l'autre jeune, dont le revenu est le même, elle choisit certes le plus jeune, non parce que sa jeunesse lui inspire un sentiment esthétique ou de la sympathie, mais uniquement parce qu'il pourra subvenir plus longtemps à ses besoins. Les femmes savent très bien ce qu'elles attendent d'un homme, aussi prennent-elles parfaitement leur décision :

on n'en a probablement jamais vu préférer pour mari un pauvre diable de vingt ans à un quadragénaire fortuné.

Les femmes devenues adultes ont beaucoup de chance : les hommes ne croient pas à leur propre beauté. Et pourtant, la plupart sont beaux. Avec leurs épaules puissantes, leurs jambes musclées, leur voix mélodieuse, leur rire humain et chaleureux, leur expression intelligente et leurs gestes mesurés — parce que raisonnables —, ils surclassent de loin tout ce que la femme peut jamais offrir même au point de vue purement physique. Et comme contrairement à elle, ils travaillent et exercent constamment, ingénieusement, leur corps, ce corps garde plus longtemps sa beauté. Dès la cinquantaine, faute d'entraînement, celui de la femme n'est qu'une ruine, un amoncellement quelconque de cellules féminines (il suffit de regarder dans la rue une ménagère de cinquante ans et de la comparer, une fois seulement, aux hommes du même âge).

Mais les hommes ne savent pas qu'ils sont beaux. Personne ne le leur dit. On vante le « charme » de la femme, la « grâce » de l'enfant, la « séduction » du monde animal. On veut bien leur reconnaître du cœur, de la bravoure, de la détermination, qualités qui ne se rapportent jamais à leur aspect physique, mais uniquement à la valeur que leur attribue la femme pour servir ses buts. En dehors des livres de médecine, il n'existe aucune description de l'homme ; rien qui célèbre longuement la forme de ses lèvres, la teinte de ses yeux sous tel ou tel éclairage, la croissance puissante de son système pileux, la délicatesse de ses tétons et la belle symétrie de ses bourses. Et s'il entendait louer ces caractéristiques masculines, l'homme serait le premier à s'en étonner et à rire.

C'est qu'il n'est pas habitué à ce qu'on parle de son physique. La femme adulte, qui la plupart du temps est laide et aurait par conséquent l'occasion — et le temps — de contempler l'homme et de l'admirer, ne *le voit point.* Ce n'est pas méchanceté ou calcul de sa part : pour elle, l'homme est une sorte de machine productrice de biens matériels. On n'apprécie pas une machine d'après des critères esthétiques, mais à un point de vue purement fonctionnel. L'homme, qui pense comme la femme, se juge de même. Il est tellement accaparé par son travail, tellement épuisé par la lutte continuelle qu'implique sa concurrence avec les autres hommes, qu'il lui manque le recul nécessaire pour se voir tel qu'il est.

Et surtout, les hommes ne se posent même pas de questions à ce sujet. Pour que leur lutte intestine ait un sens, *il faut* absolument que les femmes, pour eux, soient la beauté même, l'incapacité même à se débrouiller seules, donc vraiment dignes d'être adorées. Voilà pourquoi ils les appellent, faute d'une définition plus précise de leurs impressions contradictoires, *le beau sexe.*

# L'UNIVERS EST MASCULIN

Contrairement à la femme, l'homme est beau parce qu'il est une créature spirituelle.

Ce qui veut dire que :

*L'homme est un être curieux* (il veut connaître le monde qui l'entoure et savoir comment il fonctionne).

*L'homme est un être pensant* (il tire les conséquences des phénomènes qu'il constate).

*L'homme est un être créateur* (à partir des connaissances dont il dispose, il invente du nouveau).

*L'homme est un être sensible.* (Sur une échelle de sensations d'une ampleur, d'une pluridimensionalité extraordinaires, l'homme non seulement enregistre les impressions les plus diverses et les plus délicates, mais il découvre et crée de nouvelles valeurs sentimentales que ses descriptions rendent accessibles à tous, ou qu'il reproduit de façon artistique dans les exemples qu'il imagine.)

De toutes ces qualités, la curiosité est certainement la plus marquée, curiosité si différente de celle de la femme qu'il est indispensable de s'y arrêter.

La femme s'intéresse principalement aux choses dont elle peut immédiatement tirer profit. Si par exemple elle lit dans un journal un article politique, c'est plus vraisemblablement pour jouer son rôle de Circé près d'un étudiant des Sciences politiques que pour s'occuper des Chinois, des Israéliens ou des Africains du Sud. Si elle cherche dans le dictionnaire le nom d'un philosophe grec, cela ne signifie pas qu'elle éprouve un amour subit pour la philosophie, mais que ce nom lui manque pour résoudre un problème de mots croisés. La voyez-vous étudier le catalogue d'une marque d'automobiles, ce n'est jamais par passion pour les progrès de la technique : elle veut une voiture, simplement.

C'est un fait que la plupart des femmes — et aussi des mères — n'ont aucune idée de la manière dont se produit dans leur propre corps la fécondation, ni du développement de l'embryon et des différents stades par lesquels il passe jusqu'à sa naissance. Naturellement, ce genre de connaissances leur serait complètement superflu, puisque de toute façon elles ne peuvent influer en rien l'évolution du fœtus. Ce qui leur importe, c'est de savoir que la gestation dure neuf mois, qu'on doit leur épargner entre-temps toute peine, et que s'il y a complication, il faut qu'elle aille aussitôt voir un médecin lequel, naturellement, remet tout en ordre.

La curiosité de l'homme est d'un tout autre genre : elle se suffit à elle-même, elle n'a pas besoin d'être immédiatement utile, tout en étant bien plus profitable que celle de la femme.

Il suffit pour s'en rendre compte de se trouver une fois sur un chantier où l'on va utiliser un nouvel outil, disons une nouvelle excavatrice. Il n'est guère de passant homme, quelle que soit sa classe sociale, qui n'accorde pas au moins un long regard intéressé à l'engin. Et beaucoup s'arrêtent, contemplent, discutent des qualités de cette machine inconnue, de son rendement, des avantages qu'elle offre par rapport à celles qui l'ont précédée.

Jamais il ne viendra à l'idée d'une femme de s'arrêter dans un cas semblable, à moins que l'attroupement soit tel qu'elle imagine l'événement sensationnel (« Ouvrier réduit en bouillie par un bulldozer ») qu'il ne faut surtout pas manquer. Mais dès qu'elle sait de quoi il s'agit, elle tourne les talons.

La curiosité de l'homme est universelle. Tout en principe l'intéresse, politique, botanique, technique atomique, Dieu sait quoi encore. Il se penche même sur des choses qui ne sont pas de son ressort, la conservation des fruits, la préparation d'une pâte à pâtisserie, les soins des nourrissons. Un homme ne pourrait jamais porter en lui un bébé pendant neuf mois sans se renseigner complètement sur la fonction du placenta ou de ses ovaires.

L'homme ne se contente pas d'observer ce qui se passe autour de lui (et dans le monde), il l'interprète. Comme il tente de s'informer de tout, il lui devient facile de tout comparer, d'en déduire des principes qu'il utilise toujours dans le même but : créer quelque chose d'autre, c'est-à-dire du nouveau.

Faut-il insister sur le fait que toutes les découvertes, toutes les inventions de ce monde ont été faites par des hommes, que ce soit dans les domaines de l'électricité, de l'aérodynamisme, de la gynécologie, de la cybernétique, de la mécanique, de la physique des quanta, de l'hydraulique et de l'hérédité. Il en est de même des principes de la psychologie enfantine, de l'alimentation des nourrissons ou des conserves alimentaires. Il n'est pas jusqu'à l'évolution de la mode féminine, ou des banalités comme l'ordonnance des repas et les nuances de goût, qui ne soient traditionnellement du domaine de l'industrie masculine. Veut-on procurer à son palais un plaisir inédit, on délaisse la table familiale pour le restaurant où, naturellement, le maître ès sauces est un homme.

Même si les femmes voulaient faire du nouveau en cuisine, leur goût est si limité, si usé par la préparation quotidienne de mets dépourvus de toute imagination, qu'elles en seraient incapables. Il n'existe même pas de gourmets féminins. Réellement, les femmes ne sont bonnes à rien.

Et pourtant, l'homme qui réunit en lui toutes les conditions préalables pour jouir d'une vie riche, libre, digne d'un être humain, y renonce pour mener au contraire l'existence d'un esclave. Toutes ses facultés merveilleuses, il les met au service d'êtres qui en sont totalement démunis, au service de l' « humanité », comme il dit, c'est-à-dire de la femme et des enfants de la femme.

Quelle ironie ! Ceux qui sont capables de concevoir une vie idéale la sacrifient, et ceux que cette abnégation met à même de vivre idéalement ne s'y intéressent pas ! On s'est tellement habitué à ce mécanisme absurde, à cette exploitation unilatérale d'un groupe d'êtres humains par une organisation de parasites, que tous nos concepts moraux en sont pervertis. Il nous est devenu si naturel de voir dans le sexe masculin le Sisyphe qui ne vient au monde que pour apprendre, travailler, élever des enfants, afin que ces enfants eux-mêmes apprennent, travaillent et élèvent d'autres enfants, que nous n'arrivons plus à nous représenter ce qu'autrement l'homme serait et devrait être.

Un homme jeune qui fonde une famille et sacrifie ensuite le reste de sa vie, plongé dans des activités abrutissantes, à nourrir sa femme et ses enfants, est — à ce qu'on affirme — un homme honorable. L'homme qui ne se lie pas, n'élève pas d'enfant, vit ici et là, fait tantôt ceci, tantôt cela, pour se nourrir lui et lui seul et parce que ça l'intéresse, et qui, lorsqu'il rencontre une femme, se comporte envers elle en être libre et non en esclave, est, d'après notre société, méprisable et à rejeter.

Rien n'est plus déprimant que de voir à quel point les hommes, jour après jour, trahissent tout ce pour quoi ils sont nés ; au lieu d'employer leur intelligence, leur force et leur merveilleuse énergie découvrir des mondes dont nul n'ose encore rêver, à explorer des sentiments dont nous ne soupçonnons pas encore la présence, alors qu'ils pourraient remplir leur vie d'une richesse infinie qui la rendrait enfin digne d'être vécue (cette vie qui n'est qu'à eux et que les femmes ne comprennent pas), n'est-il pas atroce de les voir renoncer à toutes ces possibilités extraordinaires pour s'obliger, de corps et d'esprit, à suivre l'ornière des besoins primitifs, répugnants, de la femme ?

Alors qu'il tient haut dans sa main la clef de toutes les énigmes de l'univers, l'homme s'abaisse de son plein gré au niveau de la femme pour accorder son jugement au sien. Il met au service de la conservation et de l'amélioration de ce qui est déjà, un esprit, une force et une imagination destinés à réaliser tout ce qui devrait être. Et quand il lui arrive de découvrir ce qui n'existe pas encore, il lui faut invoquer l'alibi que « toute l'humanité » (il veut dire la femme) en tirera tôt ou tard profit. Il s'excuse donc de ses prouesses, s'excuse de conquérir l'espace et de s'envoler jusqu'à la Lune au lieu de procurer un peu plus de confort physique à la femme et à ses enfants. Lors d'une nouvelle découverte, son effort le plus pénible est toujours de la traduire en langage féminin, par exemple dans le caquet infantile ou les chuchotements d'amour sirupeux des réclames télévisées, pour convaincre doucement la femme qu'elle peut se servir en toute tranquillité de la nouvelle acquisition. En effet, comme elle manque évidemment d'imagination, la femme ne ressent jamais le besoin *a priori* d'une découverte : autrement, il y a longtemps qu'il lui serait arrivé, au moins une fois, d'inventer quelque chose.

Nous avons tellement pris l'habitude de voir les hommes faire tout ce qu'ils font par rapport à la femme que nous ne pensons pas qu'il puisse en être autrement. Par exemple, les compositeurs pourraient composer autre chose que des chansons d'*amour* (d'asservissement) ; les écrivains, s'intéresser non plus aux romans et aux poésies *d'amour* (d'asservissement), mais à l'art. Que se passerait-il si les peintres cessaient enfin de nous offrir leurs éternels nus et profils féminins, inutiles et conventionnels, pour nous présenter quelque chose de *nouveau* que nous n'aurions encore jamais vu ?

Il pourrait arriver qu'un jour les savants ne dédient plus leurs travaux scientifiques à leur épouse (elles n'y ont jamais, jamais, jamais rien compris), que les cinéastes ne surchargent plus leur idée de film de corps féminins aux seins surabondants, que les journaux ne s'excusent plus de nous rendre compte d'une exploration spatiale en recourant à des photos grand format de femmes aux cheveux oxygénés, les épouses des astronautes, et que les astronautes eux-mêmes, une fois dans l'espace, se fassent jouer autre chose en provenance de la Terre que des rengaines d'*amour* (d'asservissement).

Nous n'avons pas la moindre idée de ce que serait un monde dans lequel les hommes emploieraient à résoudre leurs vrais problèmes l'imagination qu'ils gaspillent à inventer des cocottes rapides encore plus rapides, des détergents lavant encore plus blanc, des tapis de velours aux couleurs encore plus garanties bon teint et des rouges à lèvres qui déteignent un peu moins que les autres. Un monde où, au lieu d'élever des enfants qui eux-mêmes en élèveront d'autres et de repousser ainsi sans cesse dans l'avenir le moment de vivre, ils *vivraient eux-mêmes*. Un monde, où au lieu de toujours recommencer à explorer la « psyché énigmatique » de la femme (elle ne leur semble telle que parce qu'il n'y a en elle aucune énigme à résoudre), ils s'intéresseraient à *leur* psyché ou à celle des créatures éventuelles vivant sur d'autres planètes, avec lesquelles ils trouveraient le moyen de communiquer. Un monde où, au lieu de fabriquer des armes qui n'ont d'autre but que de protéger la propriété individuelle, *laquelle n'a d'utilité que pour les femmes,* les hommes construiraient des vaisseaux spatiaux interstellaires, de plus en plus efficaces, grâce auxquels ils voleraient vers d'autres mondes à la vitesse de la lumière, pour en revenir avec des choses auxquelles nous ne nous permettons même pas de rêver.

Hélas, les hommes, capables de tout concevoir et de tout vouloir, tiennent pour tabou la totalité de ce qui concerne la femme. Le plus terrible est que ces tabous sont si efficaces que personne ne les remarque plus. Sans s'en apercevoir, les hommes mènent les guerres des *femmes,* élèvent les enfants des *femmes,* bâtissent des villes pour les *femmes.* Et ces femmes deviennent sans cesse plus paresseuses, plus bêtes, plus exigeantes au point de vue matériel. Et toujours plus riches ! Grâce à un système primitif mais efficace d'exploitation directe — mariage, divorce, héritage, pension de veuve, assurance vieillesse et décès — elles s'enrichissent de plus en plus. Aux États-Unis, où le pourcentage de celles qui travaillent n'a fait que diminuer depuis des dizaines d'années, elles possèdent déjà, tout le monde le sait, plus de la moitié de la fortune privée du pays. Et il ne doit pas en être autrement dans les régions les plus avancées d'Europe. En plus de la puissance psychologique qu'elle exerce sur l'homme, la femme disposera bientôt du pouvoir matériel absolu.

L'homme, aveugle volontaire, continue à rechercher son bonheur dans l'asservissement. Cette servitude aurait quelque justification d'ordre poétique si la femme était vraiment ce qu'il la croit être, un être tendre, charmant, une fée bienfaisante, un ange venu d'un monde meilleur, trop bonne pour lui et pour notre terre.

Comment est-il possible que les hommes, qui dans tous les autres domaines veulent tout savoir, se bouchent les yeux pour ignorer précisément ce simple fait ? Comment ne remarquent-ils pas qu'en dehors d'un vagin, de deux seins, et d'une paire de cartes perforées qui débitent toujours la même série d'insanités stéréotypées, il n'y a rien, absolument rien, dans une femme ; qu'elle ne se compose que de matière, qu'elle n'est, sous de la peau humaine, qu'un rembourrage qui se donne pour un être pensant ?

Si les hommes, une fois seulement, s'arrêtaient de produire aveuglément pour réfléchir, ils démasqueraient en un tour de main les femmes avec leurs colliers au cou, leurs petites blouses gauffrées et leurs sandalettes dorées, et il leur suffirait de se servir de l'intelligence, de l'imagination et de l'esprit de suite qui sont les leurs pour réaliser en quelques jours l'instrument, la machine humanoïde, qui remplacerait avantageusement un être qui manque à jamais de toute originalité extérieure et intérieure.

Mais pourquoi les hommes craignent-ils donc tellement la vérité ?

# LA SOTTISE DE LA FEMME FAIT SA DIVINITÉ

L e besoin d'être libre ne peut se développer que chez des opprimés. Dès qu'ils le deviennent — et à condition qu'ils soient assez intelligents pour mesurer toutes les conséquences de leur liberté —, ce besoin se transforme en son contraire : l'angoisse les prend à la gorge et ils commencent à soupirer après la sécurité des liens retrouvés.

Pendant les premières années de sa vie, l'être humain n'est jamais libre. Les prescriptions des adultes l'enserrent de toutes parts et, comme il n'a aucune expérience en matière de comportement social, il dépend complètement de cette réglementation. Ainsi nait en lui un désir si puissant de liberté qu'aucune autre nostalgie ne le bouleverse avec une telle force : il faut qu'il s'évade de cette prison et, à la première occasion, il le fait. Une fois libre, s'il est *bête* — et les femmes le sont — il se trouve parfaitement à l'aise dans cette liberté et cherche à la conserver. Un être humain inintelligent n'a aucune pensée abstraite, il ne quitte jamais le plancher des vaches et ignore par conséquent ce qu'est l'angoisse de vivre. Il ne craint pas la mort (il est incapable de se la représenter) et il ne s'interroge aucunement sur le sens de l'existence. Tous ses actes ont un but, satisfaire son désir de confort, et il leur trouve par conséquent une signification immédiate qui lui suffit. Le besoin de religion lui est également étranger. Le ressent-il qu'il le satisfait immédiatement, pour lui-même, car les sots présentent la caractéristique de s'admirer sans en être gênés le moins du monde (lorsqu'une femme est religieuse, elle l'est pour obtenir le ciel : le bon Dieu n'est rien d'autre qu'un homme qui *doit* le lui procurer).

Le cas de l'être intelligent (de l'homme) est tout différent : certes, il ressent d'abord sa libération comme un soulagement infini, les perspectives grandioses de son autonomie l'enivrent. Mais dès qu'il veut faire usage de cette liberté, c'est-à-dire s'engager par un acte librement voulu dans une direction plutôt que dans une autre, l'angoisse le saisit ; capable de penser de façon abstraite, il conçoit que chacun de ses actes comporte l'éventualité d'un nombre infini de conséquences, qu'il ne peut toutes les prévoir malgré son intelligence, et qu'il en sera pleinement responsable puis qu'il va décider en toute indépendance.

Quelle tentation pour lui de ne rien entreprendre par peur des implications négatives d'un projet ! Mais comme ce n'est pas possible — l'homme est condamné à agir — il se prend à jeter un regard en arrière vers les règles de son enfance, il recherche quelqu'un qui, en lui dictant ce qu'il doit faire et ne pas faire, le débarrasse de ses grandes responsabilités et redonne ainsi un sens à des actes qui lui en paraissent désormais dépourvus, puisqu'ils n'ont finalement d'autre but que son confort, que *lui-même,* et dès lors, se dit-il, à quoi bon ? Il se cherche donc le Dieu qui remplacera celui de son enfance — sa mère — et auquel il pourra se soumettre inconditionnellement.

Il préférerait certes un Dieu plus strict, plus juste également, plus sage, omniscient, dans le genre du Dieu juif, chrétien ou musulman. Mais il est intelligent, il sait évidemment que ce Dieu n'existe pas, que tout adulte est par définition son propre dieu. Il ne peut donc échapper à l'angoisse *de la liberté* qu'en s'imposant des règles qu'il s'invente lui-même, et comme ce retour à un stade similaire à la dépendance de l'enfant qu'il fut lui procure un bien-être profond, les règles qu'il se donne deviennent ses dieux.

Inconsciemment, il dresse procès-verbal de ses expériences individuelles, les compare avec celles d'autrui, constate qu'elles ont toutes quelque chose de commun. C'est ce caractère commun qu'il saisit, toujours inconsciemment, en tant que règle, en tant que loi d'un comportement « rationnel », c'est-à-dire utilisable par n'importe qui même en dehors de lui. Alors, volontiers, il s'y soumet. Les *systèmes* qui s'en dégagent se développent ensuite constamment sous l'effet de l'action individuelle et collective, pour devenir bientôt d'une telle complexité que l'individu n'en a plus une vue d'ensemble : ils acquièrent une autonomie qui les rend « divins ». Il peut désormais *croire à* ces lois, tout comme, enfant sans expérience, il a *cru* aux lois, tantôt rationnelles, tantôt irrationnelles, de ses parents. Elles sont devenues incontrôlables, mais il suffit d'y contrevenir pour risquer d'être exclus de la société et perdre la *sécurité* retrouvée. Le marxisme, l'amour du prochain, le racisme, le nationalisme, sont des exemples de ces systèmes qui sont l'œuvre de l'homme. Et l'homme qui, grâce à eux, parvient à satisfaire son besoin de religion, est en grande partie immunisé contre l'asservissement à un individu unique (la femme).

Mais, dans leur très grande majorité, les hommes préfèrent consciemment se soumettre à cette divinité exclusive que sont les femmes (ils donnent à cet asservissement le nom *d'amour),* car elle présente toutes les conditions requises pour satisfaire leur besoin de religion. Toujours à leurs côtés, elle n'éprouve aucune inquiétude métaphysique, et en cela elle est réellement « divine »... Du fait qu'elle a sans cesse des exigences nouvelles, l'homme ne se sent jamais abandonné (comme Dieu, elle est omniprésente). Elle le délivre de sa dépendance des dieux collectifs qu'il doit partager avec ses concurrents. Elle lui semble digne de confiance puisqu'elle ressemble au Dieu de son enfance, à sa mère, et elle confère à son existence un sens artificiel puisque tout ce qu'il fait a pour objectif son confort à *elle* (et plus tard le confort de ses enfants), et non le sien.

Déesse, elle peut non seulement châtier (en retirant sa protection), mais récompenser (en lui accordant des satisfactions sexuelles).

Mais les plus importantes des conditions requises pour cette déification sont la tendance qu'a la femme à se déguiser, et sa sottise. Tout système doit impressionner ses croyants par la supériorité de ses connaissances ou les confondre par son incompréhensibilité. Comme il n'est pas question pour la femme de la première éventualité, elle tire profit de la seconde. Grâce à sa mascarade, l'homme voit en elle un être qui lui est étranger et plein de mystère, et toutes ses tentatives de contrôle échoueront devant une sottise telle qu'elle en est imprévisible. Car tandis que l'intelligence s'exprime par des actes logiques et compréhensibles, donc mesurables, calculables, contrôlables, les faits et gestes des imbéciles, manquant de toute rationalité, ne peuvent être ni prévus ni contrôlés. Ainsi, exactement comme les papes et les dictateurs, la femme se dissimule constamment derrière une muraille de pompe, de carnaval et de mystères de quatre sous pour éviter qu'on lui arrache son masque. Renouvelant sans cesse son empire, elle peut donc à tout moment garantir à l'homme la satisfaction de ses besoins religieux.

# DES PROCÉDÉS DE DRESSAGE

P our que l'homme, mû par le bonheur que lui cause son asservissement, se soumette réellement à la femme et non à d'autres hommes, à une espèce animale quelconque ou à un système de son choix, la femme lui fait subir un dressage qui commence très tôt. C'est fort à propos que l'homme lui est livré lorsqu'elle peut le plus facilement le subjuguer : comme enfant. Et du fait de la sélection naturelle, seules en fin de compte se reproduisent les femmes qui sont le plus aptes à ce dressage.

L'homme s'habitue donc dès le début à avoir une femme autour de lui, à trouver « normale » sa présence, « anormale » son absence, ce qui explique jusqu'à un certain point sa dépendance à son égard. Mais cette dépendance ne serait pas grave, et vivre sans femme ne serait alors comparable qu'à un changement de milieu. Quiconque a passé son enfance dans un pays de montagnes pour habiter ensuite la plaine, continue peut-être à évoquer avec nostalgie les paysages d'autrefois, mais sans éprouver le besoin immédiat d'y revenir. Il y a donc là quelque chose de plus, et de plus important.

D'ailleurs, la femme n'aurait pas intérêt à susciter chez l'homme une nostalgie aussi romanesque et d'ordre aussi secondaire que cette sorte de regret du foyer natal, sentiment lointain qui ne resurgit que dans l'inaction des dimanches et qui n'entraîne aucune conséquence. Ce qui est important pour elle, c'est de former l'homme directement en vue du travail pour qu'il en mette tous les fruits à sa disposition. Elle s'efforce donc en premier lieu de conditionner en lui une série de réflexes qui l'engagent à produire la totalité des biens matériels dont elle a besoin. Elle y parvient en le soumettant dès sa première année à un dressage qui lui impose une échelle de valeurs purement féminines. Et elle poursuit ce dressage jusqu'à ce qu'il confonde sa valeur propre avec l'utilité qu'elle en tire, c'est-à-dire lorsqu'il produit quelque chose qui pour elle a de la valeur.

Par là même, la femme devient pour l'homme une sorte d'instrument de mesure sur lequel il peut lire à tout instant le degré de valeur — ou de non-valeur — de chacune de ses activités. Lorsqu'il se livre à une occupation qui, d'après cette échelle, est absolument vaine, par exemple une partie de football, il essaiera de composer cette « perte » par un surcroît de diligence dans l'un des domaines admis comme positifs. C'est d'ailleurs la raison pour laquelle les femmes tolèrent, jusqu'à un certain point, le football et les autres manifestations sportives.

De toutes les méthodes de dressage dont la femme se sert dans l'éducation de l'homme, l'éloge se révèle être la plus précieuse. On peut l'appliquer presque dès le début et elle garde son efficacité totale jusqu'à un âge avancé, ce qui n'est pas le cas du dressage par le sexe, dont la durée pratique est relativement limitée. Son rendement est tel qu'à dose convenable, il peut remplacer complètement la méthode contraire : le blâme. Une fois habitué aux compliments, il suffit de n'en pas recevoir pour se sentir blâmé.

Le dressage par l'éloge présente entre autres les avantages suivants : celui qui est loué tombe dans un état de dépendance par rapport au laudateur (pour que l'éloge vaille quelque chose, il doit provenir d'une instance supérieure ; c'est donc reconnaître au laudateur un niveau plus élevé). L'éloge agit comme une drogue (lorsqu'il en est privé, l'intoxiqué confond toutes les valeurs et perd la faculté de s'identifier à lui-même). L'éloge accroît les rendements (il suffit pour cela de cesser de l'appliquer à l'état de choses présent et de ne l'accorder qu'au rendement supérieur).

Dès qu'un nourrisson masculin est l'objet de félicitations parce que, pour la première fois, il satisfait ses besoins non plus dans son lit mais dans son petit pot de chambre, dès qu'il commence à concevoir qu'un sourire bienveillant et que deux ou trois phrases bêtifiantes et joyeuses, toujours les mêmes, constituent une récompense pour avoir bien vidé son biberon, il entre dans le cercle infernal. Pour éprouver de nouveau la même jouissance, il essaiera la prochaine fois de refaire exactement ce qui a provoqué chez lui cette sensation de bonheur. Si un jour cet éloge lui manque, il sera malheureux et fera l'impossible pour ressentir une fois encore le plaisir dont il ne peut plus se passer.

Naturellement, le nourrisson féminin lui aussi est soumis à ces méthodes de dressage. Au cours des premières années de leur vie, la femme ne fait guère de différence entre ses enfants, qu'ils soient d'un sexe ou de l'autre. Mais le dressage de la petite fille cesse dès qu'elle connaît les règles de l'hygiène ; dès lors, les voies se séparent, et plus on avancera dans leur éducation, plus la fille sera élevée pour exploiter, comme le garçon pour être l'objet de l'exploitation.

Les jeux enfantins constituent des moyens importants de différenciation. En favorisant d'abord le penchant qu'ont ses enfants pour le jeu, puis en l'utilisant, la femme, comme par hasard, les dirige dans la direction voulue. Elle offre à la petite fille des poupées et des accessoires de poupée : landaus, berceaux, dînette ; et au jeune garçon tout ce qui ne convient pas à sa sœur : jeux de construction, modèles de chemins de fer électriques, voitures de course, avions. Dès qu'elle est bébé, l'enfant-femme a tout de suite l'occasion de s'identifier à sa mère et d'apprendre à jouer le même rôle : elle transfère sur ses poupées le même système de dressage, les loue et les blâme comme elle est elle-même louée et blâmée, apprend en jouant les règles qui s'appliquent à la manipulation de l'être humain. Et du fait qu'elle n'obtient de louanges qu'en s'identifiant au rôle de la femme, elle ne souhaitera plus tard rien d'autre que d'être « féminine ». Pour elle, l'instance supérieure est évidemment la femme, seule capable de décerner l'éloge puisqu'elle seule peut dire si la fillette joue bien le rôle qui lui est dévolu. Et il n'est pas question de l'homme en tant que laudateur, car on lui enseigne dès le début que le rôle de femme n'a qu'une valeur médiocre.

On applaudit en effet à tout ce qu'il fait, sauf quand il joue avec des représentations miniaturisées d'êtres humains. Il construit des modèles d'écluses, de ponts, de canaux, démonte par curiosité les autos qui sont ses jouets, tire des coups de feu avec ses imitations d'armes ; bref il apprend tout qu'il devra faire plus tard pour entretenir la femme. Quand il est à l'âge d'entrer à l'école, il connaît déjà, de par sa propre expérience, les principes de base de la mécanique, de la biologie, de la technique électrique, il peut construire une cabane de planches et se défendre en jouant à la guerre. Plus il montre d'initiative, plus il est certain d'être loué. La femme est intéressée à ce qu'il sache très vite bien plus de choses qu'elle, qui se maintiendrait avec difficulté en vie dans un monde dépourvu d'hommes. Il faut qu'il devienne totalement indépendant pour tout ce qui est travail. Aux yeux de la femme, c'est vraiment une machine que l'homme, mais une machine peu ordinaire qui a besoin d'être servie avec compétence ou tout au moins bien programmée. Si une femme savait ce que c'est, elle dirait que l'homme est une sorte de *robot doué de conscience,* capable de se programmer lui-même, donc de développer son activité et d'adapter son programme à toute situation nouvelle. Les savants d'ailleurs travaillent à la mise au point de machines semblables qui puissent travailler, décider, penser à leur place, dans le but de disposer un jour, à leur gré, des fruits de ce travail. Mais il s'agit de robots faits de matière inanimée.

Ainsi, avant d'être à même de choisir de façon autonome une manière de vivre quelconque, l'homme, intoxiqué à force d'éloges, se sent seulement à l'aise dans les domaines d'activité qui lui valent l'approbation de la femme. Et comme, du fait de cette intoxication, il a besoin de plus en plus de louanges, il ressent l'obligation d'augmenter sans cesse ses cadences et son rendement dans les directions qui lui sont imposées. En principe, cette approbation pourrait évidemment venir d'un autre homme, mais pour les raisons exposées ci-dessus, les hommes, continuellement occupés, se trouvent plongés dans une concurrence qui fait de chacun l'ennemi de tous. Aussi, dès qu'un homme peut se le permettre, cherche-t-il à avoir à domicile son laudateur personnel, un thuriféraire exclusif, quelqu'un à qui il peut à tout instant demander s'il est vraiment un brave type, un type bien, et à quel point il est brave et bien. Comme par hasard, la femme est là, représentante idéale du rôle. Mais c'est elle qui d'avance a tout mis en scène, si bien qu'elle n'a plus qu'à y faire son entrée.

Il arrive très rarement qu'un homme, savant ou artiste qui a réussi, parvienne à rompre ce charme et à tirer des autres hommes l'approbation dont il a tellement besoin. Toutefois, il a beau se libérer de la femme, il demeure toujours esclave de son besoin d'éloges. La preuve en est que l'homme qui s'est assuré sa sécurité matérielle par une réussite dans un certain domaine, n'en change plus : il ne tentera jamais d'éprouver ses capacités dans une autre branche d'activité, il ne satisfera jamais sa curiosité. En règle générale, il continue à travailler le terrain qui lui a déjà valu des louanges, que ce soit Miré dans sa technique de peintre, Strauss avec ses valses ou Tennessee Williams avec ses drames féminins. Tous reculent devant le risque *de devenir leur propre échelle de valeurs.*

Dès lors, on n'a plus qu'un pas à faire pour soupçonner qu'il n'y a rien de positif dans ce qu'on appelle le style « personnel » d'un artiste. Un auteur comme Beckett qui, depuis vingt ans, ne produit que des variantes de son *Godot,* ne le fait certes pas par plaisir (il est trop intelligent pour cela). Avide d'éloges, il renâcle devant le risque comme devant une cure de désintoxication. S'il pouvait seulement se libérer de son comportement conditionné ! Il ferait depuis longtemps autre chose ; il aurait construit des avions peut-être (la mécanique éprouvée de ses pièces permet de conclure à des capacités d'ordre technique), cultivé des plantes rares ou au moins écrit une comédie. Une comédie peut-être où une femme, enfoncée jusqu'à la taille dans un tertre de terre, chercherait sa brosse à dents comme dans *Oh les beaux jours !* Peut-être aurait-il même du succès auprès du public. Mais une telle expérience est naturellement trop risquée pour un homme dressé d'après le principe du rendement. Voilà pourquoi Beckett préfère continuer à écrire des drames sur l'absurdité de la vie : là, il est sûr de recevoir des éloges.

# DU DRESSAGE PAR AUTO DÉPRÉCIATION

Il arrive peut-être plus d'une fois à un homme à l'esprit critique de s'écrier que la femme n'a vraiment aucun sens de l'honneur quand il l'entend avouer impudemment son ignorance de tout ce qui est tant soit peu scientifique. Il oublie trop facilement qu'il doit ses propres concepts, honneur, fierté, dignité humaine, etc., à son dressage, que s'il est devenu homme d'honneur, fier, chevaleresque, c'est qu'une femme l'y a dressé, que ces qualités qui constituent sa *virilité* et dont il tire tant d'orgueil font d'autant plus partie de son caractère que ce dressage a été méthodique et rigoureux, et enfin que lui-même n'y est pour rien.

Il suffit d'ouvrir un ouvrage sérieux de psychologie pour lire qu'on obtient chez l'enfant les résultats les meilleurs en lui donnant confiance en lui. Or, cette confiance en soi, il est impossible que l'enfant l'acquière par lui-même. Il est né dans un milieu où tout lui est supérieur, où rien n'est à sa portée s'il ne dispose que des forces qui sont les siennes. La femme, fortement intéressée à ce qu'un petit d'homme devienne une créature capable de gagner non seulement sa vie mais celle des autres, se fixe donc pour premier but éducatif de lui donner confiance en lui. Elle commence par minimiser les dangers de l'existence (en admettant qu'elle en ait elle-même une idée exacte) elle lui dissimulera la possibilité qu'il puisse mourir, en lui promettant par exemple une vie éternelle en récompense de ce qui est, à son point de vue, une bonne conduite ; bref, elle suscitera en lui la disposition d'esprit imbécile, l'optimisme béat, qui l'armeront le mieux en vue de son dressage et de la vie qu'il doit mener. L'une des méthodes qu'elle emploie pour intensifier au maximum la conscience qu'il a de sa virilité, et par conséquent son rendement, est, nous l'avons vu, l'éloge. Elle en dispose d'autres dont l'*autodépréciation.*

Si la femme n'était pas supérieure en intelligence à l'enfant qu'elle a mis au monde, au moins pendant la première année de sa vie, l'humanité aurait depuis longtemps cessé d'exister. Mais une bonne mère veille toujours à ce que cette supériorité momentanée ne joue pas dans l'évolution de l'enfant le rôle d'un facteur inhibant susceptible de se retourner un jour contre elle, l'enfant se pendant à ses robes plus longtemps qu'il n'est absolument indispensable. Aussi tente-t-elle de lui inspirer le plus vite possible, surtout quand il s'agit d'un garçon, un sentiment de supériorité à son égard. Elle recourt dès lors à l'artifice qu'elle utilisera de plus en plus souvent au fur et à mesure que l'enfant se rapprochera de son état d'homme : elle se fait encore plus bête qu'elle n'est, lui accordant ainsi un avantage qu'il n'aura jamais plus l'occasion de perdre quand il sera devenu vraiment homme (et on peut compter sur elle pour qu'il le devienne).

Comme la valeur sociale d'une femme ne se mesure pas à son intelligence, mais selon des critères totalement différents (à proprement parler, l'homme ne mesure rien du tout : il a besoin d'elle, et cela suffit), elle peut se permettre de jouer la comédie de la bêtise et d'être bête autant qu'il convient. En cela, les femmes ressemblent aux milliardaires : eux non plus n'ont pas besoin d'être intelligents, l'essentiel est *qu'ils soient riches*. Si Henry Ford II avait la capacité intellectuelle d'une cliente assidue du *Tiffany's,* il n'en fréquenterait pas moins la meilleure société. C'est son chauffeur qui en est exclus. Tout comme un homme riche, une femme est capable de commettre toutes les gaffes possibles — on peut affirmer à bon droit qu'elle n'en rate pas une — sans que cela tourne à son désavantage. En d'autres termes, elle peut être aussi bête qu'elle le veut, son mari continu à être plein de considération pour elle et personne ne lui tourne le dos.

Sa formule de conjuration est très simple : l'homme est fait pour travailler, la femme pour ne rien faire. Elle proclame partout que l'homme, fort et libre de tous liens, occupe une situation digne d'envie, tandis que sa faiblesse et la charge sacrée de l'enfantement l'enchaînent au foyer. Physiquement, elle est inapte à tout travail.

L'homme accepte de bon gré cette mythologie, et il la tient pour flatteuse. Il ne pense pas que l'éléphant lui aussi est fort, beaucoup plus fort que lui par exemple, et que malgré tout l'homme s'adapte beaucoup mieux que l'éléphant à la plupart des travaux.

Naturellement, la femme dissimule à l'homme qu'elle ne fait rien, pour ainsi dire, par rapport à lui. En réalité, elle ne cesse de s'occuper de quelque chose. Elle prétend seulement que tout ce qu'elle fait est d'un niveau tellement inférieur quand on le compare aux occupations de l'homme. Elle lui suggère que les plaisirs imbéciles qu'elle s'offre dans le cours de la journée (repasser, faire de la pâtisserie, embellir le foyer), sont des travaux indispensables au bien de la famille, et qu'il peut s'estimer heureux d'avoir une femme qui lui ôte le souci de ces humbles besognes. L'homme, qui ne peut soupçonner qu'un être humain trouve son plaisir à s'occuper de la sorte, s'estime *vraiment* heureux.

Comme la femme répartit toutes les tâches en « viriles » et « féminines », « supérieures » et « humbles », elle leur confère des valeurs sentimentales auxquelles, après quelque temps, personne ne peut plus se soustraire ; elle échappe ainsi à tout contrôle et se procure, dans le domaine où elle exerce son pouvoir, une liberté d'agir et de parler qui évoque celle des anciens bouffons de cour. Quoi qu'elle fasse, la valeur de ce qu'elle fait est pour ainsi dire nulle par rapport au travail de l'homme. C'est elle-même qui le dit. Alors, pourquoi les hommes le vérifieraient-ils ?

Évidemment, si l'homme voulait dévoiler ce que cache cette terminologie féminine, il n'aurait qu'à employer les mots « facile » et « difficile ». Les tâches de l'homme sont en effet très difficiles, tandis que les travaux ménagers sont d'une extrême facilité. Avec la machinerie que l'homme a inventée dans ce but, le ménage disons de quatre personnes s'expédie sans grand-peine en deux heures de matinée. Tout ce que la femme fait en plus est du superflu et ne sert qu'à son plaisir ou au maintien des symboles absurdes du statut de sa coterie (rideaux de dentelle, parterres de fleurs, encaustique partout). Lorsqu'elle prétend que c'est du travail, ce n'est qu'un mensonge, une tromperie éhontée.

Le ménage est chose si facile que, dans les hôpitaux, on le confie traditionnellement aux faibles d'esprit incapables de toute autre activité. Lorsque les femmes se plaignent que ce « travail » ne leur rapporte aucun salaire (elles n'exigent pas beaucoup, à peine ce que gagne un mécanicien automobile !), ce n'est qu'une preuve de plus de l'attirance qu'il exerce sur elles. Ce genre de revendications est d'ailleurs à bien courte vue, car il pourrait arriver qu'on évalue un jour la femme à sa valeur de main-d'œuvre et qu'on la rétribue proportionnellement à ce qu'elle fait. On découvrirait alors à quel point les femmes vivent aux dépens des hommes et au-dessus de leur rendement.

Mais l'homme s'est tellement habitué, étant enfant, à la terminologie de la femme, qu'il ne ressent pas l'envie de dévoiler le vide qu'elle recouvre. Il faut qu'il croie, en gagnant de l'argent pour elle, qu'il accomplit quelque chose de noble et qu'il se livre ainsi à une activité dont elle n'est pas capable. S'il n'était mû par ce complexe de supériorité, la stupidité de son travail le désespérerait. Dès qu'il a l'impression que ce qu'il fait est à la portée de l'autre sexe, (et les femmes ne manquent pas de temps à autre d'éveiller chez lui ce sentiment), il s'efforce d'accroître son rendement et de rétablir la distance habituelle entre lui et le sexe « faible », distance indispensable à la haute idée qu'il doit avoir de lui.

L'analyse de ce cercle infernal est simple : la femme invente des règles qui lui servent à dresser l'homme afin de pouvoir le subjuguer. Ces règles, elle les ignore dès qu'il s'agit d'elle. L'*honneur masculin,* par exemple, est l'un des systèmes inventés par la femme ; elle-même, s'en dégageant *a priori,* ne respecte aucune sorte d'honneur pour manipuler d'autant mieux les hommes. Dans la célèbre émission de télévision *Chapeau melon et bottes de cuir* où figure Emma Peel, une scène représente deux adversaires que sépare une table de billard. Chacun d'eux a devant lui un revolver. Ils conviennent de se battre loyalement et de saisir leur arme après avoir compté à haute voix jusqu'à trois. Le héros prend la sienne à « deux » et sauve ainsi sa vie. En se dégageant d'un système, on est toujours capable de manipuler celui qui tient davantage à un système qu'à la raison.

En rendant méprisable ce qu'elle fait, la femme incite l'homme à mener tout le reste à bien, c'est-à-dire tout ce qui la rebute (elle choisit en premier puisqu'elle imite sa mère). L'homme se sent avili, malheureux, quand il fait un « travail de femme ». Nombreux sont ceux qui font preuve exprès d'une grande maladresse dans les travaux

ménagers, et la femme de célébrer aussitôt cette gaucherie
« si virile ». Un homme qui recoud un de ses boutons
n'est pas un « vrai » homme. Se sert-il de l'aspirateur à
poussière, quelque chose chez lui ne tourne sûrement pas
rond ! À force d'arguments semblables, il se laisse mettre
sous tutelle (jusqu'à se croire incapable de réchauffer une
soupe, lui qui peut tout le reste) et admet qu'on le chasse
du lieu de travail le plus élémentaire du monde. Ce n'est
qu'arrivé à un certain stade de son dressage qu'on peut
l'autoriser sans danger à exécuter quelques tâches
auxiliaires, où il lui faudra, puisqu'il ne comprend rien à
ce genre de choses, suivre à la lettre les instructions de la
femme. Dressé à considérer ce travail comme dégradant, il
ne se rendra jamais compte à quel point il est agréable,
comparé au sien.

Pour se libérer de toute peine, la femme n'a qu'à pousser
un profond soupir : vraiment, moi, « pauvre femme », je
n'arriverai jamais à faire ça ! Par exemple, il lui suffit de
glisser au cours d'une conversation, de préférence en
présence de témoins, que son mari conduit tellement
mieux qu'elle leur voiture commune, pour que cette
simple remarque lui fournisse un chauffeur à vie (les

autoroutes fourmillent de femmes dont le mari est transformé en chauffeur). Elle peut encore dire qu'» en tant que femme », il lui est vraiment impossible d'aller seule au théâtre ou au concert ; il n'existe en faveur de cette affirmation aucun argument rationnel, comme pour le restaurant où les femmes sont servies tout aussi bien ou tout aussi mal que les hommes, et si elles ne veulent pas être « importunées », comme elles disent, elles n'ont qu'à s'habiller de façon moins excitante ; mais grâce à de tels aveux, les voici pourvues d'un laquais qui les amène en voiture, comme une invitée d'État, jusqu'à la porte même du local, qui se bat pour leur procurer une table libre, leur compose leur menu, leur fait la conversation et finalement règle l'addition. Qui n'a entendu une femme confesser qu'elle n'entend rien à la politique, qu'elle est trop bêtes pour ce genre de choses ? Aussitôt, elle déniche un homme qui étudie pour elle quotidiens et hebdomadaires, supporte patiemment les discussions politiques télévisées, pèse le pour et le contre des opinions, le tout pour lui présenter au jour de l'élection un avis fin prêt. Elle s'en tiendra au parti que cet homme a jugé le plus favorable, compte tenu de l'étude qu'il a faite et de sa situation particulière — et par conséquent de celle de la femme — et elle se débarrasse ainsi de ce vote assommant, multipliant par deux l'opinion masculine sans compromettre le résultat final (heureusement pour son bien-être personnel, car comme elle ne comprend réellement rien à la politique, son vote pourrait avoir des conséquences catastrophiques).

Certains aboutissements de ce dressage prennent des proportions fantastiques, par exemple quand une femme qui passe ses journées dans les conditions paradisiaques d'une confortable villa de la riche banlieue, en compagnie de ses enfants, de ses chiens et d'autres femmes, pourvue de l'équipement nécessaire — seconde voiture, télévision et tous appareils ménagers — déclare à son mari, ingénieur peut-être ou avocat, qu'il mène une vie enviable, « bien remplie », tandis qu'elle, « pauvre femme », se voit assujettie à une existence indigne d'un être humain. Et cet homme, qui paie toute la camelote féminine qui l'encombre, cet homme la croit !

On dit dans la Bible qu'Ève est sortie de la côte d'Adam, qu'elle n'est qu'une copie de l'homme et a par conséquent une valeur moindre. C'est un exemple typique de dressage par autodépréciation. On peut être sûr que c'est une femme qui a inventé l'histoire. Naturellement, c'est un homme qui l'a écrite (il n'y a pas si longtemps que les femmes savent tenir une plume).

# PETIT LEXIQUE À L'USAGE DES HOMMES

ette autodépréciation permanente en présence de l'homme a pour conséquence que la femme emploie avec lui un langage secret, compréhensible entre femmes, mais auquel il n'a pas accès car il s'en tient à la lettre des mots. Il aurait avantage à s'en procurer le code et à se composer une sorte de lexique qu'il pourrait consulter, chaque fois qu'il entend une de ces phrases consacrées, pour mettre le texte au clair. En voici quelques exemples (en regard de l'original figure la traduction en langage masculin) :

| *Code :* | *Texte mis au clair :* |
|---|---|
| *Un homme doit pouvoir me protéger* | Un homme doit pouvoir: *me* protéger de tous les désagréments (de quoi d'autre pourrait-il la protéger ? Des voleurs ? De la guerre |

nucléaire ?).

| | |
|---|---|
| *Je veux me sentir en sécurité près d'un homme :* | Il faut qu'il me débarrasse de tout souci d'argent. |
| *J'ai besoin d'admirer un homme :* | Pour que je jette seulement les yeux sur lui, il doit être plus intelligent que moi, plus conscient de ses responsabilités, plus fort, plus travailleur. Autrement, que ferais-je de lui ? |
| *Dès que mon mari l'exigera, je renoncerai à mon travail :* | Dès qu'il aura assez d'argent, je resterai chez moi. |
| *Je ne désire qu'une chose : le rendre heureux :* | Je ferai tout mon possible pour qu'il ne découvre jamais à quel point je l'exploite. |

*Je lui épargnerai tous les petits soucis... :* ... pour qu'il ne s'arrête jamais de travailler.

*Je ne vivrai que pour ma famille :* Je ne travaillerai jamais plus de ma vie. Il n'a qu'à faire un peu plus d'efforts...

*Je ne suis pas pour l'émancipation de la femme :* Pas si bête ! Quand je peux avoir un homme qui travaille pour moi...

*Enfin, nous vivons à l'époque de l'égalité des droits :* Ne t'imagine surtout pas que tu vas me dicter ce que je dois faire parce que tu gagnes mon argent.

*Je suis si terriblement maladroite :* Il faut qu'il me débarrasse de ce travail. À quoi servirait-il alors ?

*Mon mari sait tout :* C'est le petit Larousse illustré, pauvre type...

| | |
|---|---|
| *Quand on s'aime, on n'a pas besoin d'un certificat de fidélité :* | Il est encore un peu récalcitrant, mais je vais arranger ça sur l'oreiller. |
| *Je l'aime :* | C'est une machine à travail de tout premier ordre. |

etc.

Ces phrases, les femmes les prononcent seulement quand elles s'adressent directement à leur mari ou quand il est à portée de voix. Entre elles, dès qu'il leur arrive de parler des hommes, ce qui est rare, elles s'expriment tout à fait normalement comme si elles échangeaient des indications très précises sur le mode d'emploi d'un appareil ménager dont l'utilité, d'ailleurs, n'est mise en doute par aucune d'elles.

Dans une phrase comme : « Je ne peux plus porter ce manteau ou ce chapeau, mon ami ne peut pas le sentir », la mention qui est faite de l'ami n'implique aucune valeur sentimentale (tout au plus celle que la femme attache à son chapeau ou à son manteau). Le ton qu'elle emploie signifie quelque chose comme : « Il faut quand même que je lui fasse ce plaisir, lui qui autrement fait tout ce que je veux. »

Lorsqu'elles étudient entre elles les conditions qui les feront pencher pour tel ou tel homme, il n'est jamais question de leur infériorité par rapport à lui ou qu'il doive les protéger (une telle sottise déclenchera un éclat de rire général), ou encore de l'admiration qu'il devra susciter chez elles. Elles évoqueront peut-être le genre de profession qu'elles préféreraient (pour lui). Par « profession », elles entendent l'importance du traitement, de la retraite de la pension de veuve, comme de celle des primes d'assurance qu'il sera capable de payer régulièrement. À moins qu'elles ne déclarent : « Mon mari devra avoir quelques années et une demi-tête au moins de plus que moi, plus d'intelligence également. » Et en effet, il semblera moins étonnant — plus naturel — que l'individu plus âgé, plus intelligent et plus fort, nourrisse le plus jeune, le plus petit et le plus bête.

# DE LA PAUVRETÉ DU SENTIMENT CHEZ LA FEMME

Il existe de nombreuses formes et variantes de ces méthodes de dressage, mais les mentionner toutes nous entraînerait trop loin. Considérons toutefois deux procédés relativement inoffensifs, cela en vaut la peine : celui qui consiste à inculquer à l'homme des « bonnes manières », et l'autre, qui a pour but de lui apprendre à refouler ses émotions.

Pour avoir du succès près des femmes (et quel homme ne le voudrait pas ?), un individu du sexe masculin doit être non seulement intelligent, ambitieux, travailleur, accrocheur, mais avoir une qualification de plus : il faut qu'il sache se comporter en présence des femmes. Il existe à ce sujet des normes bien définies, mises au point par les femmes elles-mêmes : c'est ce qu'on appelle les « bonnes manières ». Ce qui revient à dire que tout homme qui se respecte doit à tout moment traiter n'importe quelle femme comme une reine, la femme qui se respecte devant en revanche donner à tout homme l'occasion de la traiter comme telle.

Certes, une femme n'envisage de se marier qu'à la condition que l'homme soit riche. Mais si elle a le choix entre deux hommes riches, l'un avec de mauvaises manières, l'autre avec de bonnes, l'élu est naturellement ce dernier. Car la constatation chez un homme de sa maîtrise des règles du savoir-vivre est une garantie que la valeur idéale de la femme, au moyen d'une série de conditionnements appropriés, lui est tellement entrée dans la peau, dans le sang, qu'il ne la remettra jamais en question, même plus tard quand elle lui paraîtra beaucoup moins attirante : « On devient gai à force de rire », disent les psychologues, et : « Priez, la foi viendra. » C'est exact, mais seulement pour l'homme : à traiter la femme en être supérieur, il arrive à croire qu'elle l'est (entre la réalité et leurs simagrées, les femmes établissent une distinction beaucoup plus nette).

Les « bonnes manières », contrairement aux autres procédés de dressage, ne sont pas des formes de conditionnement profondément enracinées. On ne les inculque qu'assez tardivement aux enfants si bien que leur caractère d'exploitation féminine demeure facilement reconnaissable. Aussi est-ce une énigme de voir comment d'aussi vieux trucs réussissent encore aujourd'hui.

Quel froid, par exemple, ne saisit pas un fils adolescent qui pour la première fois se rend au théâtre avec une jeune fille, quand il entend la série de conseils que lui donne sa mère : « Tu paieras le taxi, tu descendras, tu feras le tour de la voiture pour lui ouvrir la portière et l'aider à descendre... tu l'accompagneras pour monter l'escalier, c'est-à-dire que tu lui donneras le bras ou, si la place te manque, tu te mettras derrière elle pour la recueillir si jamais elle rate une marche... et n'oublie pas de lui ouvrir les portes, de l'aider à ôter son manteau, d'aller le mettre au vestiaire, de lui procurer un programme. Dans la rangée, tu passeras devant elle pour lui ouvrir le chemin, à l'entracte tu lui offriras un rafraîchissement... » etc. Cela sans compter le supplice qui attend ce pauvre garçon avec ce genre d'art périmé qu'est le théâtre, où pour ainsi dire toutes les pièces (surtout celles à prétentions culturelles) sont taillées aux dimensions intellectuelles de la femme. Comment n'aurait-il pas l'impression que lui-même et tout cet appareil de laquais que composent les directeurs de salles, les comédiens et les metteurs en scène, ne sont là que pour offrir à la femme qui l'accompagne et à la clique de ses semblables, le lieu où elles peuvent se livrer à leur orgie habituelle de stupidité : parader dans leur mascarade grotesque devant la figuration des hommes vêtus de couleur sombre.

L'aspect le plus frivole des bonnes manières est celui qui oblige l'homme à jouer le « rôle de protecteur ». Cela commence de façon tout à fait inoffensive : il grimpe l'escalier le dernier, prend le côté extérieur du trottoir, mais cela finit par la convocation au service militaire ou le départ pour la guerre.

« Quand la situation l'exige », dit l'une de ces règles de bienséance, « l'homme risquera sa vie pour protéger la femme contre tous les désagréments. » Dès qu'il est en âge de le faire, il obéit à ces règles, tête baissée. Son dressage précède toute considération personnelle : à chaque catastrophe, il sauve d'abord les femmes et les enfants, quitte à y rester lui-même.

À tout cela, il n'y a vraiment aucune raison plausible, car on pourrait aussi bien échanger les rôles. La femme, dont la sensibilité est si pauvre, digérerait les impressions provoquées par les atrocités de la guerre bien plus facilement que l'homme, lequel ne s'en tire souvent qu'au prix de dommages psychiques permanents. Son cycle menstruel l'habitue à la vue du sang, et la forme qu'a prise la conduite de la guerre moderne n'exige ni force corporelle, ni intelligence, ni résistance physique. D'ailleurs, toutes les statistiques sur l'espérance de vie le prouvent : les femmes vivent plus longtemps que les hommes, elles sont donc plus résistantes. Une Américaine du Nord, qui a fait du sport pendant sa période scolaire, n'est certes pas plus faible au point de vue physique que beaucoup de petits Vietnamiens. En faisant la guerre en Asie, un G.I. se bat par conséquent contre des ennemis dont la force n'est même pas celle des filles de son université.

La *pauvreté de sentiment* de la femme se manifeste par la manière dont elle réprime les émotions chez l'homme pour s'assurer la réputation d'être seule à être pleine de sensibilité et de tendresse.

Les glandes lacrymales sont de minuscules réservoirs de liquide que l'entrainement place, comme la vessie urinaire, sous le contrôle de la volonté. Un adulte arrive fort bien à ne pas pleurer comme à ne pas mouiller son lit. Pour le petit homme, ce dressage a lieu très tôt, toujours par le système de l'auto-dépréciation féminine : « Un garçon ne pleure pas ! Tu n'es pas une petite fille ! » Mais il n'existe pas pour le sexe féminin, qui apprend vite à tirer parti de cet avantage. Lorsqu'un homme voit une femme qui pleure, il ne pensera jamais qu'il lui manque d'avoir appris à contrôler son petit réservoir à larmes. Il part du principe qu'elle est la proie d'un sentiment irrésistible, dont il évalue la force proportionnellement à la quantité de liquide expulsée par les glandes lacrymales en fonction.

Naturellement, il se trompe. La sensibilité de la femme est presque nulle, peut-être parce qu'elle ne peut se permettre de se laisser aller à ses sentiments. Sans quoi, elle choisirait le mari qui ne convient pas du tout à son but (rebelle à tout esclavage), ou encore elle obéirait à son penchant et repousserait ces créatures étrangères que sont les hommes pour vivre uniquement dans la société des femmes (en fait, il y a beaucoup moins d'homosexuels chez les femmes que chez les hommes, et la plupart d'entre elles sont riches, ou au moins assurées au point de vue financier).

Mais cela entraînerait pour elle l'obligation de penser, de travailler, d'assumer des responsabilités, de renoncer à tout ce qui leur est agréable. Elles n'en ont aucune envie. Aussi se refusent-elles tout sentiment, mais en jouant la comédie de l'émotion permanente pour dissimuler à l'homme à quel point elles sont en réalité froides et calculatrices. Imitatrices parfaites, elles parviennent grâce à leurs grimaces à toujours garder la tête libre et à utiliser au mieux l'émotivité de leur partenaire (on ne peut juger de la force d'un sentiment que lorsqu'on n'y est pas soi-même impliqué). De plus, il ne suffit pas que l'homme accorde à la femme un degré de sensibilité égal au sien ; il doit croire qu'elle est beaucoup plus changeante, impressionnable, irrationnelle, hypersensible, ce qui dissipe tous les soupçons qu'il pourrait nourrir à son égard. Le dressage décrit plus haut fournit toutes les conditions nécessaires au succès de cette imposture.

Un homme, un « vrai », ne pleure pas, ne rit pas trop fort (cette réserve lui vaut la sympathie de son entourage et fait un effet sérieux sur ses associés et relations d'affaires), il ne manifeste jamais sa surprise (ne crie pas « Ahhh... ! » quand la lumière s'éteint ni « Ohhh... ! » quand il touche de l'eau froide). Il ne fait pas remarquer à tout le monde qu'il fait un effort (ne s'exclame pas « ouille... ! » en soulevant une caisse un peu lourde). Il ne chante pas à tue-tête dès qu'il est joyeux.

Et l'homme, qui se refuse toutes ces manifestations expressives qu'il constate chez la femme, ne pense pas que c'est elle qui le lui a enseigné que, dans son cas, cela ne se fait pas. Il admet simplement que les sensations sont chez l'autre sexe infiniment plus puissantes que les siennes, si fortes qu'elles en sont incontrôlables et s'expriment en un spectacle permanent.

L'homme qui ne pleure qu'atteint par un grand malheur (la mort de sa femme par exemple), est forcé de supposer que cette femme, quand elle fond en larmes, par exemple à l'occasion d'un voyage de vacances raté, ressent un chagrin d'une force égale au sien. Et comme il ne l'éprouve pas lui-même, il se reproche sa lourdeur et son insensibilité. Rien n'aiderait plus les hommes que de prendre conscience des pensées glaciales, d'une clarté de cristal, qui peuvent se succéder dans l'esprit d'une femme qui fixe sur vous ses yeux noyés de larmes !

# DU SEXE CONSIDÉRÉ COMME RÉCOMPENSE

Tous les dressages reposent sur le principe « sucre-et-fouet ». C'est le rapport des forces physiques du dompteur et du dompté qui en détermine le mode d'application. Toutefois, une certaine tendance en faveur de la douceur se manifeste dans le dressage des jeunes enfants : le sucre entretient constamment la confiance qu'ils ont dans leurs parents auxquels ils viennent confier leurs problèmes, ce qui permet de les manipuler mieux qu'en les rossant.

Dès qu'un dauphin réussit son tour de cirque, le dompteur lui jette un poisson. Comme l'animal dépend pour manger de son dompteur, il arrive à faire ce que l'autre exige de lui. Au contraire, un homme peut se nourrir lui-même : c'est même par ses mains que passe l'argent. Il serait donc dans une certaine mesure ingouvernable s'il n'était mû par un besoin d'une force extrême et qu'il ne peut satisfaire lui-même : celui du contact du corps d'une femme. Et ce besoin est si intense, et l'homme trouve un tel plaisir à l'assouvir, que c'est peut-être le motif le plus puissant de son asservissement ; peut-être la jouissance qu'il éprouve à abdiquer sa liberté n'est-elle qu'une des facettes de sa sexualité.

Le fondement de l'économie est toujours le troc. Lorsqu'on réclamé un service, on doit offrir en échange quelque chose d'une valeur correspondante. Or il se trouve que les hommes accordent un prix insensé à l'usage exclusif d'un vagin de femme. Cela permet à cette dernière de se livrer à une exploitation qui n'épargne aucun homme, et d'une dimension telle que le système capitaliste le plus conservateur n'est rien en comparaison.

Mais comme la féminité est devenue un phénomène surtout sociologique ou la partie biologique ne joue plus qu'un rôle modeste, même les homosexuels n'échappent pas à l'exploitation. Le partenaire dont le désir sexuel est le plus faible découvre rapidement la manière de manipuler celui qui est mû par un désir plus fort. Assumant le rôle de l'exploiteur — de la femme — il se comporte en conséquence : la faiblesse du désir sexuel est donc une caractéristique « féminine ».

De même que les femmes n'éprouvent guère d'émotions violentes, une libido prononcée n'est pas leur fait (comment expliquer autrement qu'une jeune fille puisse se refuser à un homme tout en affirmant qu'elle l'aime ?). Dès sa puberté, la femme refoule son désir sexuel, conformément aux conseils de sa mère, en pensant au capital dont elle devra tirer plus tard le meilleur parti. Hier, une jeune épouse, pour avoir de la valeur, devait être vierge, mais aujourd'hui encore, la jeune fille qui n'a eu que peu d'amants est considérée comme ayant plus de valeur que celle qui en compte beaucoup. La chasteté de l'homme, elle, n'a jamais rien valu du fait que les femmes ne lui accordent aucune importance, et par conséquent les hommes non plus. Une femme adulte peut donc « séduire » un adolescent, elle ne le « viole » jamais. L'homme qui agit de même avec une mineure est un criminel sexuel pour lequel la canaille féminine réclame à grands cris la prison.

À condition de commencer très tôt, l'homme pourrait lui aussi conditionner son instinct sexuel. Preuve en sont les moines qui se tirent d'affaire sans aucune activité de ce genre (personne ne prétendra sérieusement qu'un groupe d'hommes aussi important se compose uniquement d'eunuques). Mais au lieu d'être refoulés, les désirs sexuels de l'homme, au cours de leur évolution, sont encouragés, excités, cela naturellement par les femmes, car ce sont elles qui s'intéressent à la libido masculine.

Alors qu'un homme s'habille de sorte qu'en aucun cas son aspect ne puisse éveiller chez l'autre sexe une excitation physique, la femme, dès l'âge de douze ans, commence à s'attifer pour amorcer sa future clientèle. Elle souligne les rondeurs de ses seins et de ses hanches dans des vêtements qui la moulent, se sert, sur toute la longueur de ses jambes, de bas transparents pour attirer l'attention sur ses mollets et ses cuisses, se farde les yeux et les lèvres d'un éclat brillant et humide, teint ses cheveux pour leur conférer une luminosité qu'ils n'ont pas, tout cela sans autre but que d'éveiller la concupiscence de l'homme et de la tenir sans cesse en éveil. Elle lui offre sa marchandise aussi ouvertement qu'en vitrine, comme s'il n'avait qu'à faire un geste infime pour l'avoir. Comment s'étonnerait-on que l'homme, mis en état d'excitation permanente par ces avances non déguisées, n'ait bientôt plus d'autre pensée en tête que de gagner assez d'argent pour entrer en possession de l'article avec lequel on le tente à tous les moments ?

Car sans argent — ou du moins sans perspective d'argent — un homme n'a jamais de femme à lui, et par conséquent pas de sexe féminin à usage exclusif. Certes, l'institution du crédit existe également dans ces rapports, c'est-à-dire qu'une femme, dans certaines circonstances, pendant que son mari achève sa formation professionnelle, accepte de travailler pour deux en lui permettant déjà, comme une avance sur prestations en nature, d'utiliser son corps. Mais dans ce cas les intérêts sont d'une importance proportionnelle (la profession future du mari doit être si rentable que l'investissement de la femme en est justifié). La règle générale est qu'une femme coûte d'autant plus que ses caractères sexuels secondaires sont attirants. Lorsqu'un homme en aperçoit un autre en compagnie d'une femme particulièrement séduisante, loin de se sentir déprimé, il devrait penser à l'argent que ce concurrent dépense pour avoir cette femme à lui.

Au point de vue économique, il serait dans tous les cas plus profitable à l'homme de satisfaire ses désirs sexuels avec des prostituées plutôt que de se précipiter dans le mariage (je parle des prostituées au sens habituel du mot ; au sens rigoureux, la plupart des femmes le sont). Mais l'homme réagit suivant le principe du rendement qui a présidé à son dressage : il n'accorde que peu de valeur au sexe pour lequel il débourse peu. Plus la femme avec laquelle il couche lui revient cher, et plus il est content. Et quand il ne peut avoir autrement celle qu'il convoite, ou quand il n'y a pas d'autre façon pour lui de la garder, il passe avec elle devant le maire.

C'est la raison pour laquelle les femmes peuvent en toute quiétude tolérer la prostitution. La jalousie telle que la ressent l'homme leur est étrangère — bien qu'elles en jouent la comédie, à l'occasion, pour flatter leur mari — ; aussi ne voient-elles aucun inconvénient à l'institution du bordel. Elles n'hésitent pas davantage à ignorer les amourettes extra-conjugales de l'homme ou, quand elles sont un peu trop visibles, à les lui pardonner. Combien de femmes demeurent avec un mari qui les trompe, et que le cas contraire est rare ! C'est qu'une femme ne souhaite fondamentalement rien d'autre qu'une petite escapade de son conjoint. Sa mauvaise conscience et sa gratitude pour la tolérance dont elle fera preuve lui garantiront une série d'avantages supplémentaires. La solution la meilleure pour elle est encore de contrôler ces passades : les échanges de partenaires et les pratiques sexuelles de groupe paraissent de plus en plus aux femmes le moyen idéal de neutraliser l'imagination sexuelle de leur mari. Ces formes de relations extra-conjugales sont gratuites, l'argent que les prostituées n'ont plus alimente les divers postes de l'entretien ménager, et il n'y a même plus de risques de maladies sexuelles. Du fait que les partenaires se connaissent, les règles de l'hygiène sont beaucoup mieux respectées que lorsqu'un homme visite un bordel anonyme fréquenté par n'importe qui (en réalité, la contamination est la seule conséquence que les femmes aient à redouter d'un léger écart de leur mari).

Quelle dérision ! Les hommes méprisent les prostituées habituelles, alors qu'elles appartiennent justement au petit nombre des femmes qui admettent honnêtement qu'elles gagnent leur argent en louant certain orifice de leur corps. Il est des métiers que les hommes n'exercent pas ; prostituées, actrices, chanteuses, danseuses, modèles de photos. Et pourtant, alors qu'actrices, chanteuses, danseuses et modèles travaillent avec un filet (l'homme est là pour les recueillir quand elles n'ont plus envie de travailler), la prostituée, elle, n'a aucune sécurité. Le jour où elle est lasse, elle ne trouve personne qui n'ait attendu que ce moment, il n'est dans notre société aucun homme qui se laisse exploiter par une ex-prostituée comme par un ex-modèle de photos.

Les femmes elles aussi méprisent les prostituées, mais à cause de leur bêtise. Une femme qui se vend aussi maladroitement est, d'après le baromètre de l'intelligence féminine, vraiment trop bête. Les femmes n'admirent que celles qui se font payer des prix exorbitants ou qui parviennent à se faire épouser par des Rothschild, des Aga Khan ou des Rockefeller. Le concept du « sale métier » ne leur sert qu'à intimider les hommes qui, sans lui, pourraient un jour se laisser aller à des comparaisons.

Chez toutes les femmes, le principe fondamental du *sexe considéré comme récompense* est le même : elles s'offrent à l'homme, excitent son désir, enflamment sa concupiscence, et quand il accomplit bravement le petit numéro auquel elles l'ont dressé, elles se donnent à lui. Et comme elles recommencent aussitôt à jouer la comédie, le besoin de la récompense ne le quitte plus. Seuls les hommes dont la puissance sexuelle est faible parviennent à espacer la satisfaction de leurs besoins et à renoncer à la régularité de la récompense pour ne la goûter que sporadiquement. Celui que la nature a doté d'une forte libido est encore plus soumis que les autres : « le jeune homme dynamique, actif, enthousiaste, décidé » que recherchent avec tant de convoitises les entreprises de tous genres, n'est rien d'autre qu'un psychopathe totalement esclave de son sexe : s'il se fixe des objectifs particulièrement élevés, c'est uniquement par référence à la femme. Car si ce n'était le cas, quelle autre rétribution pourrait l'inciter à se livrer avec enthousiasme à la vente de n'importe quel article de grande série, alors que se déploie devant lui, de l'autre côté des fenêtres de son bureau, tout un monde qui l'attend, plein d'aventures

118

passionnantes ? Son désir sexuel est si fort qu'il renonce à l'explorer pour se payer une femme avec son argent si chèrement gagné. En vain la nommera-t-il son « aventure », elle ne remplacera jamais ce qu'il a perdu : dès qu'il la rencontre, il entre dans le système rigoureux de l'offre et de la demande où tout obéit à des règles rigides et où les surprises sont rares.

« Le destin d'une femme est son anatomie » ; ce vieil adage est absolument exact pour autant qu'on confère un sens positif au mot « destin ». Dans son interprétation négative, ce proverbe s'applique plutôt à l'homme d'aujourd'hui : tandis que la femme profite autant qu'elle le peut de ses particularités anatomiques, l'homme demeure éternellement esclave des siennes. L'érection du membre masculin est quelque chose de si extravagant pour une femme qu'il lui semble totalement impossible, la première fois qu'elle l'expérimente, qu'une telle chose puisse même avoir lieu. Et quand elle remarque ensuite que la présence d'une femme nue n'est pas nécessaire pour provoquer chez l'homme ce phénomène aussi élémentaire que le réflexe rotulien qu'il suffit d'un film ou d'une simple photo, elle n'arrive plus à se débarrasser de sa stupeur.

Rien n'a jamais été plus absurde, pour sûr, que l'illusion freudienne de la jalousie qu'inspirerait le pénis à la femme. Avec les bourses qui l'accompagnent, il lui paraît être simplement quelque chose de totalement superflu sur le corps autrement si dépouillé de l'homme, du désordre à l'état pur. Elle n'arrive pas à concevoir qu'après usage le membre masculin ne se rétracte pas tout comme une antenne dans le boîtier d'un poste de radio. Jamais il ne viendra à l'idée d'une petite fille, même au plus profond de son inconscient, d'envier à ce sujet un petit garçon : comme elle est la préférée, elle n'a nullement l'impression d'être désavantagée par rapport à lui.

Freud a été victime du dressage par auto-dépréciation que sa mère, puis sa femme et ses filles, lui ont fait subir. Il a confondu la cause et l'effet : une femme ne croit pas que l'homme a plus de valeur qu'elle, elle se contente de le dire. C'est la puissance de la femme que l'homme devrait plutôt envier, mais il se complaît dans les délices de sa servitude.

# DE LA LIBIDO FÉMININE

L a sexualité féminine suscite un malaise chez l'homme. Contrairement à ce qui se passe chez lui, l'excitation de la femme et son orgasme sont difficilement contrôlables. Dans leurs recherches à ce sujet, les hommes doivent principalement recourir aux informations que les femmes veulent bien leur fournir. Et comme elles ne s'intéressent nullement aux données exactes, scientifiques, d'un problème, mais envisagent toujours l'avantage immédiat qu'elles peuvent en tirer, elles disent ce qui leur semble convenir à la situation où elles se trouvent. Voilà pourquoi les nombreuses enquêtes qui concernent la frigidité de la femme, la jouissance qu'elle tire de l'acte sexuel, la comparaison de son orgasme avec celui de l'homme, aboutissent à des résultats absolument contradictoires. Aussi l'homme hésite-t-il constamment entre l'hypothèse que la femme n'éprouve aucun désir sexuel et que tout chez elle n'est que comédie, et la crainte qu'elle soit en réalité bien plus puissante sexuellement que lui, et qu'elle le lui taise par pitié. Et pour en être sûr, il poursuit toujours la mise au point de questionnaires de mieux en mieux combinés, dans l'espoir compréhensible que les femmes y répondront scrupuleusement dans l'intérêt supérieur de la science. Espoir trompeur s'il en est !

La vérité se trouve vraisemblablement quelque part entre les deux extrêmes. Les rapports sexuels n'inspirent certainement pas aux femmes des désirs insensés (sans quoi, il y aurait sûrement beaucoup plus de prostitués masculins) ; et d'autre part elles ne détestent pas faire l'amour, comme on le prétend souvent.

L'existence de la femme se déroule à un niveau animal : elle aime manger, boire, dormir, et aussi faire l'amour à condition de ne pas rater, à cause de cela, quelque chose de mieux ou d'avoir trop d'efforts à faire. Contrairement à l'homme, elle ne se livrera pas à d'effroyables dépenses d'énergie pour attirer un partenaire jusque dans son lit. Mais une fois qu'il y est, à condition qu'il assume le rôle actif et qu'elle n'ait pas en vue une grande opération de toilette ou un programme de télévision qui l'attire, elle ne manifeste aucune aversion pour l'acte sexuel. Toutefois, le vocabulaire « actif » pour l'homme, « passif » pour la femme, pour distingué qu'il soit, ne doit pas nous dissimuler le fait qu'au lit, comme partout dans la vie, la femme se fait servir. L'acte sexuel, même quand l'homme en tire un plaisir, n'est en fin de compte qu'une sorte de service rendu à la femme, dans lequel elle décide que le meilleur amant est celui qui lui procure, avec le plus d'habileté, les jouissances à la fois les plus fréquentes et les plus prolongées.

Du fait que les hommes ont la vague impression qu'on abuse un peu d'eux au cours de l'acte sexuel, ils ressentent toujours une certaine crainte devant la libido féminine. Cette crainte, on la retrouve dans les rites de nombreuses cultures antiques, dans les œuvres philosophiques de Schopenhauer, de Nietzsche, dans les poèmes de Baudelaire, les romans de Balzac, de Montherlant, dans les drames de Strindberg, de Tennessee Williams, d'O'Neill. Avec l'apparition des moyens anticonceptionnels qui agissent sur l'ovulation — la fameuse pilule — cette angoisse a pris des formes névrotiques. Il a paru des livres entiers sur cette peur sexuelle et il y a des publications qui vivent des conseils qu'elles donnent aux hommes sur la manière d'assumer — quand même — le rôle supérieur dans les rapports amoureux.

En effet, avec l'invention des médicaments anti-conceptionnels, l'homme (qui naturellement les a inventés) s'est privé de l'unique avantage qu'il avait encore sur la femme dans la dépendance sexuelle qui était la sienne. Sur ce point, elle était en quelque sorte à sa merci. Maintenant, là aussi, c'est elle qui le domine. Elle a autant ou aussi peu d'enfants qu'elle le veut (autant que possible d'un homme riche), et elle peut mener à bien l'acte sexuel aussi souvent que cela lui semble profitable, sans risquer d'être fécondée.

L'homme en est incapable. Il avait jusqu'ici prétendu que sa puissance sexuelle était infinie et que seule la retenue de la femme l'empêchait d'en faire la preuve. Aujourd'hui, son masque est tombé, n'importe quelle femme peut lire dans le premier hebdomadaire illustré venu ce qu'il en est de la puissance masculine. Elle sait exactement ce que doit être celle d'un homme de tel et tel âge, s'il est plus puissant l'après-midi que le soir, avant de manger qu'après, si l'air marin ou celui de la montagne lui convient le mieux, ainsi que la fréquence moyenne des satisfactions qu'il doit lui fournir. Et comme les hommes ne mentent pas quand il s'agit de statistiques — l'homme viril n'est pas menteur : le mensonge est pour lui un aveu de faiblesse —, la femme peut se fier cent pour cent à ces renseignements. Grâce aux tables méthodiques que l'homme a dressées pour elle, elle peut déterminer avec précision la puissance d'un amant donné. Et non seulement la déterminer, mais maintenant que cela ne lui réserve plus les risques d'autrefois, la comparer avec celle d'un autre. Néanmoins, elle ne se livrera pas à cette comparaison comme l'homme dans son angoisse l'imagine, pour se décider en faveur du plus puissant. Comme le sexe ne compte que moyennement pour elle, toutes choses étant égales par ailleurs, elle choisira plutôt celui dont la sexualité est la plus faible pour tirer parti de cette expérience intime en faisant dès lors pression sur lui.

Ainsi, plus encore qu'autrefois, l'homme est dans le domaine sexuel la victime de ce principe du rendement que son dressage lui a inculqué. Il arrive à se noter lui-même : trois fois de suite = 15 sur 20. Deux fois = 12.

Une fois = 10. la toute petite moyenne. L'échec sexuel s'étend pour lui à tout le reste (même s'il est un homme de science des plus brillants, il ne connaîtra jamais plus le bonheur). La femme, qui le sait, y voit la possibilité de tirer de lui encore plus d'avantages :

*a)* elle peut faire celle qui ignore que son mari est faible sexuellement et s'extasier au contraire sur sa puissance : c'est vraisemblablement la méthode la plus utilisée ;

*b)* elle peut le convaincre que sa relative incapacité est un énorme handicap, et qu'il peut s'estimer heureux qu'elle veuille bien, malgré tout, rester près de lui ;

c) elle peut menacer de divulguer à tous son insuffisance s'il ne se laisse pas assez dominer par elle. Et comme l'homme préfère passer pour un voleur ou un assassin que pour un impuissant, il s'incline chaque fois et fait ce qu'elle exige de lui.

Plus que toute autre fonction physique, la puissance sexuelle de l'homme dépend de facteurs psychiques, et une fois qu'il a commencé à éprouver des difficultés à ce sujet, elles ne feront qu'augmenter avec le temps. Il renchérira sans cesse sur sa peur de ne plus pouvoir prendre une femme, car son dressage lui fait confondre cet état de dépendance et sa virilité. Une fois pour toutes, il faut tirer au clair cette contradiction : l'homme fait tout pour continuer à dépendre de la femme. Les aphrodisiaques, qu'on achetait jadis sous le manteau et que préparaient seulement les charlatans, sont devenus depuis longtemps des articles présentables qui font les beaux jours de l'industrie pharmaceutique. Même dans les publications sérieuses, les articles sur ce genre de difficultés se multiplient à l'égal des plaisanteries sur la virilité masculine — qui, comme on le sait, proviennent de la peur qu'a l'homme de la castration, et dont la plupart ne sont guère spirituelles. L'homme n'achète pas pour son plaisir les nombreux magazines pornographiques qui s'offrent à lui — ses intérêts se placent à un autre niveau — mais dans l'espoir désespéré de profiter d'une violente excitation pour se hisser à la hauteur du mythe de sa masculinité.

Et surtout, il est une fois de plus victime de l'habitude qu'il a de soumettre au jugement de la femme ses conceptions quant à sa valeur personnelle. Maintenant qu'il existe un moyen anticonceptionnel sûr, il estime qu'elle n'a rien d'autre en tête que de rattraper le temps perdu et de se livrer à ce qu'il tient, à la suite de son dressage, pour le plus haut de tous les plaisirs : l'acte sexuel. Naturellement, il se trompe, car le plaisir sexuel n'occupe pas chez la femme et de loin, le rang le plus élevé. Le bonheur que procure l'orgasme se place, sur l'échelle des valeurs féminines, à un degré beaucoup plus bas que, par exemple, celui d'un cocktail ou l'achat d'une paire de bottes vernies couleur aubergine.

L'angoisse que ressent l'homme à la pensée d'être dépassé sexuellement ou amoindri à la suite de la liberté récemment conquise par les femmes, est donc absurde. Une femme n'épuisera jamais l'homme qui subvient à ses besoins à tel point qu'il ne puisse, le lendemain matin, prendre place à l'heure habituelle derrière son bureau. Pourquoi courrait-elle ce risque ? Même une amante de feu réduirait instantanément ses exigences sexuelles à une mesure inoffensive si ses nuits folles pouvaient causer à son mari le moindre préjudice dans sa carrière professionnelle. Les nymphomanes n'existent presque que dans les films ou sur les scènes de théâtre : leur rareté dans la vie explique la curiosité du public (pour la même raison, nombreux sont les films et romans où le héros est richissime, alors que le pourcentage des hommes vraiment riches est infime).

Si les femmes s'intéressent à la puissance sexuelle de l'homme, c'est principalement à cause des enfants qu'elles veulent avoir. Elles ont besoin d'eux, comme nous le verrons plus tard, pour mener à bien leurs plans. Après avoir mis deux ou trois enfants au monde, beaucoup de femmes seraient probablement heureuses si la puissance sexuelle de leur partenaire déclinait subitement, ce qui leur éviterait une quantité de petits désagréments.

Il existe une autre preuve de l'importance modérée qu'a pour la femme la capacité amoureuse de l'homme, c'est qu'un homme qui gagne très bien sa vie n'éprouve aucune difficulté à trouver femme et à demeurer marié, même s'il est impuissant. Or, il est absolument impossible de se représenter le contraire : c'est-à-dire qu'une femme dépourvue de vagin puisse avoir un jour la chance d'épouser un homme normalement constitué.

# DU DRESSAGE PAR LE BLUFF

L e puissant instinct sexuel de l'homme, son intelligence supérieure et l'exigence qu'il ressent d'un système qui le soulage des énormes responsabilités dont son intelligence lui fait prendre conscience, permettent à la femme d'exploiter consciemment la survie d'institutions qui en réalité appartiennent au passé — églises, sectes et communautés religieuses de toutes orientations — de les utiliser de sang-froid dans le dressage des jeunes enfants, tandis que leurs armées de fonctionnaires — les clergés — leur servent plus tard, quand les enfants ont grandi, à veiller comme une sorte de police à la sauvegarde des intérêts féminins. Elles sont aidées en cela par le fait qu'elles ne sont elles-mêmes, comme nous l'avons vu, ni croyantes ni superstitieuses. Certes, arrivés à l'âge adulte, les hommes ne croient plus aux enseignements de leur église (à moins que le dressage ait particulièrement bien réussi, comme c'est le cas pour un prêtre) ; mais quand un enfant est soumis assez tôt à cette discipline, on peut cultiver en lui certains archétypes, ceux du Bien et du Mal par exemple, qui s'enracinent non pas dans sa raison, mais dans son inconscient et qu'il ne pourra jamais plus oublier. Or ces étalons de valeurs sont, de par leur essence même, ceux de la femme.

Tout système de croyance repose sur un dressage qui se compose d'un certain nombre de règles, ou commandements, et d'un catalogue de châtiments qui s'appliquent à leur transgression, c'est-à-dire aux péchés. Naturellement, ces châtiments ne se réalisent jamais ; croire à une « conscience supérieure » ne s'appuie sur rien de réel et, par conséquent, personne n'est en mesure de connaître ou de punir un péché secret. Pour certains, les malheurs qui de toute façon se produisent, tremblements de terre ou perte d'un ami (lorsque les sciences de la nature étaient peu développées, on citait même les épidémies, les mauvaises moissons et les chutes de foudre), sont autant de châtiments pour nos péchés, et il serait possible d'éviter ces catastrophes en observant inconditionnellement ces règles ou en allant à confesse (une sorte de lavage du cerveau).

Naturellement, au fur et à mesure que son intelligence se développe, l'être humain discerne la vérité de la fiction et constate que ces châtiments n'en sont pas. Mais la peur qu'ils ont inspirée (le sentiment du péché) subsiste, profondément enracinée lors du dressage des toutes premières années, jusqu'à empêcher l'homme de commettre certains actes qu'il a considérés comme « mauvais » dans son enfance. S'il passe outre, il a mauvaise conscience.

L'un des péchés qui figure dans presque tous ces catalogues est le plaisir que procurent les rapports sexuels qui n'ont pas pour but la procréation. Et comme les hommes, provoqués par les femmes, ont envie de satisfaire leur désir aussi fréquemment que possible sans accorder la moindre idée à la procréation dans l'orgasme, l'homme ressent toutes sortes de joie sauf celle de faire un enfant : à cet instant précis, il est donc encore plus mystifié que d'habitude), ils enfreignent constamment au moins l'une des règles de leur croyance enfantine et en gardent l'impression d'avoir péché. Les femmes qui ayant conditionné leur instinct sexuel, ont une raison bien définie, en dehors du plaisir, pour s'y livrer (gagner leur vie, avoir un enfant, contenter leur partenaire, et dans les cas extrêmes, lui faire la charité), demeurent exemptes de remords de conscience, même si elles apprécient l'occasion. Si l'homme chaque fois, prend de bonnes résolutions qu'il ne tient pratiquement jamais, les femmes, même lorsqu'elles croient le contraire, ne tiennent dans leur système aucun compte « culpabilité ». Leur tendance à l'autodépréciation, leur instinct sexuel refoulé, émoussé, le naturel aussi avec lequel elles vivent parfaitement sans aucun travail lucratif en laissant d'autres peiner pour elle, tout cela les rend semblables aux figures historiques, Jésus, Gandhi, qu'elles proposent comme modèles aux hommes. Naturellement, ces modèles sont inaccessibles pour l'homme, ce qui le confirme dans sa conviction que, réellement, toutes les qualités dignes d'être admirées sont en fin de compte féminines.

De plus, ni les femmes ni leur police ne s'intéressent spécialement à l'instinct sexuel de l'homme. Ce n'est pas le processus sexuel en lui-même qu'elles visent : si elles l'ont choisi pour tabou, c'est parce qu'il s'agit de la joie la plus grande et la plus pure, de la seule joie peut-être qu'ait l'homme. Si fumer ou manger une côte de porc lui procurait une jouissance égale ou encore plus forte, elles feraient porter sur la cigarette ou le morceau de viande l'interdit qui produit chez l'homme le sentiment du péché. Ce qui importe à la femme, c'est que l'homme vive dans le tourment — dans l'angoisse — pour qu'elle puisse le manipuler d'autant plus facilement. Aussi, le catalogue du péché varie-t-il selon l'âge. Pour le petit homme, c'est le mensonge, le désir de la propriété d'autrui, le manque de respect pour papa et maman. Plus tard, c'est le désir sexuel, la convoitise de « la femme du prochain ».

Comment les hommes arrivent-ils à admettre ces péchés puisqu'ils en ignorent les règles et le système au nom duquel ces règles ont été édictées — Comment peuvent-ils croire à quelque chose qui n'existe pas, ressentir de la honte pour un acte qui ne fait de mal à personne ? Puisque tout ce qui concerne la foi religieuse choque considérablement la raison, le dressage doit être mené à fond à l'âge où l'enfant est encore incapable de penser logiquement. Ce dressage doit autant que possible se dérouler dans un lieu dont l'architecture absurde corresponde à l'absurdité d'un enseignement qui paraît ainsi un peu moins invraisemblable.

Et — toujours autant que possible — ceux qui enseignent à penser déraisonnablement doivent avoir un aspect différent des autres. Par exemple, devant des hommes qui portent des vêtements de femme ou tout autre déguisement de carnaval, la confusion, l'appréhension des enfants seront aussitôt à leur comble, à tel point qu'ils ne perdront jamais complètement le respect que leur inspirent ces êtres à part.

Ajoutons à cela que dès le début, les femmes ont veillé à ce que leur groupe de pression, le clergé, se compose uniquement d'hommes. D'abord, si elles représentaient elles-mêmes leurs intérêts, l'image que l'autre sexe se fait d'elles pourrait en souffrir ; et deuxièmement, elles savent que l'homme ne tient pas leur intelligence en très haute estime et qu'elles ne doivent jouer que de leurs sentiments pour agir sur lui. Mais des conseils donnés par d'autres hommes, spécialement par ceux qu'on apprend à l'homme à respecter dès l'enfance, lui sembleront plus acceptables, et peut-être même les suivra-t-il. Ces conseils apportent naturellement de l'eau au moulin féminin (ils engageront par exemple une épouse délaissée à tenir bon ou à s'occuper des enfants qu'elle n'a pas voulus) ; cela ne s'explique pas par une hostilité du clergé envers les hommes « normaux », mais c'est la conséquence directe de sa dépendance économique à l'égard de la femme.

Les femmes pourraient exister sans églises (elles s'en servent seulement pour dresser les enfants et les hommes et comme décors de leurs toilettes dans des occasions spéciales). Mais sans le soutien des femmes, les églises tomberaient vite en ruines. S'il venait à l'esprit des mères de domestiquer leurs fils sans le secours des prêtres — ce qui arrive déjà assez souvent — ; si elles renonçaient à considérer une nef d'église comme le cadre le plus prestigieux d'une robe blanche ; si, pour se marier, elles se contentaient d'intimider l'époux par une cérémonie civile, les églises, en moins de quelques années, se videraient totalement. (En Union soviétique, le décor de l'église a été complètement remplacé par celui du « palais des mariages »). On se rendrait alors compte ce que sont vraiment ces temples : les vestiges d'une culture révolue, et on pourrait supprimer toutes ces subventions qui, publiques ou privées, proviennent en fin de compte toujours de la poche de l'homme, car il n'a d'autre tortionnaire que lui-même. Lorsque certains prétendent que les églises ont prouvé qu'elles détiennent quelque chose de magique puisque leur doctrine millénaire fascine encore tant d'êtres humains, ils interprètent ce phénomène de façon erronée : ce n'est pas la magie des églises, mais celle des femmes, qui opère. Depuis longtemps, toutes les communautés religieuses ont été monnayées et transformées en instruments purement féminins, et c'est la femme qui décide de ce qu'elles font ou ne font pas.

Les représentants des communautés religieuses ne sont pas les derniers à porter ce deuil. Ils ne souhaitent rien d'autre que de mener une vie paisible, à l'abri des luttes (évidemment aux frais des hommes qui travaillent, mais les femmes ne font pas autre chose). Aujourd'hui, les femmes les utilisent comme une sorte de Mafia pour effrayer les enfants, subjuguer leurs partenaires et freiner le progrès. Sous la menace de perdre leur clientèle, ils sont obligés, dans certaines occasions, de figurer dans de ridicules mascarades féminines, d'entonner à haute voix des chants absurdes, d'ânonner devant un auditoire souvent intelligent, d'effroyables légendes que contredisent toutes les connaissances théologiques modernes qu'enseignent leurs universités, et qui les discréditent totalement dans l'esprit de ceux qui les écoutent.

Avec la théologie moderne qui a renoncé complètement au principe du dressage « sucre-et-fouet », on ne peut plus effrayer personne ni augmenter les rendements, si ce n'est rarement. Ce dont les femmes ont besoin, ce sont les vieilles histoires qu'on retire chaque fois du coffre à mites : le ciel et l'enfer, les anges et les démons, le paradis et le jugement dernier. Pour que la mort demeure un moyen de dressage qu'elles puissent utiliser, il faut qu'elle soit la porte qui mène au bonheur ou au désespoir éternels, le tout d'après un système de points calculés d'après les conceptions féminines et qui permettent de coter toutes les actions accomplies sur cette terre.

Présenter la vie éternelle comme une réalité dont l'acquisition dépend seulement d'une fidélité et d'un esclavage bien supportés, cela correspond naturellement beaucoup mieux aux intérêts des femmes que l'immortalité biologique que cherchent leurs maris et qui, peut-être, sera réalité dans deux ou trois générations.

Rien de tout cela ne touche les femmes. Elles vont à l'église quand elles le doivent sans accorder même un regard à ce qui ne leur convient pas. Aux grandes cérémonies (qui ne sont jamais rien d'autre que des tentatives d'intimidation — de leur part, et non de celles des prêtres), elles revêtent de joyeuses toilettes acquises à grands frais (robe de mariée, robe de baptême, robe de deuil, robe de communion et de confirmation), tout en reléguant les hommes dans leurs habituels costumes sombres. Elles jouent la comédie de la foi, de la superstition, font la pleureuse d'enterrement, sans avoir une seule pensée pour la foi elle-même. Les spéculations des hommes sur les conditions physiques qui permettraient de marcher sur la mer, de changer l'eau en vin ou de mettre au monde un enfant en étant « immaculée », les laissent froides. Comme toujours, elles ne s'intéressent pas à la chose, mais à son utilité. Et quand elles rencontrent un homme d'une autre croyance, qui exige qu'elles abandonnent la leur, elles le font sans hésiter, à condition qu'il travaille pour elles.

# DE LA COMMERCIALISATION DE LA PRIÈRE

L a plupart des hommes, comme nous l'avons dit, oublient leur croyance d'enfant. Ce qu'il en reste, ce sont les comportements qui découlent de ce dressage : l'*amour de la vérité,* la *joie de travailler,* et l'angoisse *de la liberté.*

Au point de vue moral, mentir est l'un des droits de l'Homme dont tous devraient bénéficier, ne serait-ce que pour se protéger contre les tentatives d'une société qui tend à pousser trop loin son contrôle et pour diminuer ainsi l'intensité de la lutte qu'on soutient pour vivre. L'ennui, c'est que pour que le mensonge garde son sens, il ne faut pas que tout le monde mente. C'est-à-dire qu'on ne peut tromper que quelqu'un qui aime la vérité et qui part du principe que le menteur l'aime comme lui. Ainsi, le mensonge est-il un article de luxe, et sa valeur dépend de sa rareté ; dans l'intérêt même du menteur, le mensonge doit demeurer rare au moyen d'une condamnation permanente. Voilà pourquoi il est important que la femme dresse l'homme à aimer la vérité : parce qu'il l'aime, elle peut se permettre le luxe de mentir.

L'amour qu'éprouve l'homme pour la vérité est la condition *sine qua non* de la survie de l'ordre sur lequel est fondée toute la société actuelle, où la totalité des travaux nécessaires sont exécutés par des hommes. Il serait impossible de construire sur le mensonge un système fonctionnel, c'est-à-dire logique. Dans notre société hautement développée, où la répartition des tâches est poussée à l'extrême, chacun doit pouvoir collaborer avec tous et se fier totalement à leurs informations. Si les hommes mentaient selon l'utilité du moment, ils donneraient à leurs collègues de faux renseignements sur les heures de départ des trains, sur la capacité d'un cargo ou la réserve en carburant d'un avion, ce qui aurait des conséquences catastrophiques pour l'ensemble du système économique. Dans le délai le plus bref, ce serait le chaos complet.

Une femme peut mentir en toute tranquillité. Du fait qu'elle n'est pas insérée dans le processus du travail, son mensonge ne fait du tort qu'à une seule personne — le plus souvent son mari — et si elle est prise sur le fait, elle ne parle pas de « mensonge », de « tromperie », mais de « ruse féminine ». Et personne n'y trouve rien à redire (aussi longtemps qu'il ne s'agit pas d'une infidélité d'ordre physique, le seul délit que le mari ne lui pardonnera pas). Dressé dès l'enfance, habitué à ce qu'une femme se déprécie constamment, l'homme trouve très naturel que sa faible compagne, qui dépend complètement de lui, utilise de telles ruses à son égard pour le ramener sur le droit chemin, lui, ce colosse puissant possédé par ses instincts, cet animal dépourvu d' « âme ». Il n'est donc pas étonnant que les femmes évoquent tout à fait ouvertement entre elles le succès de leurs impostures et même qu'elles en fassent l'objet de publications dans leurs gazettes féminines. Les mères en transmettent la mémoire à leurs filles, et ainsi de suite. Rien n'est plus légitime, pour elles, que cet échange d'expériences vécues, car elles sont souvent plusieurs à exploiter le même homme — la mère, la femme, la fille — et toute leur prospérité repose sur l'obéissance du mâle.

Évidemment, elles ne disent pas ouvertement à un homme adulte qu'il n'a pas le droit de mentir. Elles se contentent de lier chez lui le mensonge à un sentiment de malaise. Elles le font, comme nous l'avons vu, par le détour de la croyance religieuse, en invoquant des châtiments imaginaires, ou directement au moyen d'une sorte de magie personnelle. Quand une mère dit à son enfant : « C'est très mal de mentir, il ne faut jamais mentir à sa maman », l'enfant, au mensonge suivant, aura automatiquement des remords. Elle n'a pas besoin de fonder ce « mal » sur quelque chose d'autre, il la croit, tout simplement : on lui a enseigné qu'il le faut et, en toute confiance, il s'imagine qu'elle de son côté ne ment jamais. Et tout cela est absurde, naturellement, car les mères ne font que tromper leurs enfants.

Plus tard, c'est avec le même procédé magique que la femme convainc son mari : « C'est dégoûtant de tromper sa femme, surtout ne me trompe jamais », à moins qu'elle joue la comédie de la grandeur d'âme : « Être trompée, je le supporterai encore, mais ne m'abandonne pas... » L'homme obéit à l'ordre, car c'est un ordre, sans douter un instant qu'il soit juste : peut-être trompera-t-il à l'occasion sa femme, mais les abandons sont rares, alors que l'aveu d'une indifférence aussi excessive devrait être pour lui le signal de la rupture immédiate.

En général, un homme ne ment que dans une seule situation, lorsqu'entraîné par la puissance de son instinct sexuel, il trompe avec une autre femme celle qu'il aime malgré tout. Dans ce cas, les conséquences éventuelles (sa femme pourrait lui rendre la pareille) le remplissent d'une angoisse telle qu'il préfère supporter seul son sentiment de malaise plutôt que d'avouer la vérité. En revanche, quand il s'agit de confesser un grave accident d'auto dont il est responsable, une trahison commise ou un jour de travail gaspillé, il réprime sa peur des complications et préfère se soulager en passant aux aveux.

Chez la femme, c'est exactement le contraire. Elle dissimule tout à son mari, sauf l'intérêt que lui inspire un autre homme ou le sentiment que cet homme a pour elle. En effet, il s'agit de commercialiser dès lors la situation et de lui donner un sens : le mari, à qui elle fait cet aveu, doit comprendre qu'elle pourrait en cas de nécessité recourir à d'autres que lui pour assurer sa subsistance. Et il reprend aussitôt le collier afin de produire davantage.

On a déjà parlé dans ce livre de cette *angoisse de la liberté* qui, tourmentant tout homme, éveille chez lui un sentiment de religiosité, l'incite à prier. Les rengaines à la mode ne sont qu'une variante modifiée des prières enfantines : le Dieu d'autrefois y est remplacé sans autre forme de procès par la Femme, déesse bien plus vraisemblable puisque c'est d'elle que dépend en fait tout le bonheur de l'homme. Le contenu demeure pratiquement le même : nostalgie de la soumission absolue, adjuration, demande de pardon ou simplement idéalisation. Que l'on chante *Youre driving me crazy...* ou *Ordonne, et je te suis...; Fly me to the moon...* ou *Emporte-moi au Ciel...,* cela ne revient-il pas au même ? Beaucoup de « tubes » modernes reprennent presque mot pour mot les cantiques de nos pères. En entendant *Toi qui fais tout...,* on se rend compte que c'est un souvenir du Dieu de jadis, et qu'il ne s'agit pas directement de la Femme.

Les prières et les cantiques (ces prières sonores) conjurent l'angoisse de vivre en nous renvoyant à une conscience supérieure qui détient la clé de tout notre bien-être. Dès lors, on peut s'abandonner, ne plus lutter soi-même pour son bonheur, puisque tout est entre les mains de l'Être adoré. Plus l'homme grandit, plus grandit son angoisse, car il sait alors qu'elle est fondée, et plus grandit également ce besoin de se livrer, au moins un instant, à la toute-puissance de quelqu'un d'autre. Les jeunes intellectuels écrivaient jadis des poèmes d'amour qui, remplaçant les prières, avaient sur eux le même effet tranquillisant. Aujourd'hui, cette forme d'adoration est devenue superflue : d'année en année, l'offre des chansons ne fait que croître, les instincts obscurs des hommes sont de plus en plus commercialisés (naturellement à leurs frais), et bien des textes, ceux par exemple des Beatles, satisfont à leurs exigences les plus élevées.

Certes, il existe également des « tubes » où l'on adore l'homme, mais cette prière sonore, devenue succès grâce à la première interprétation d'un homme, n'est chantée par les femmes qu'ensuite. En général, les femmes ne célèbrent pas l'homme mais l'amour, c'est-à-dire l'avantage qu'elles tirent de celui qui a besoin d'elles pour aimer. Elles doivent avoir découvert un jour qu'il leur est possible, sans trop faire mauvaise impression, de se chanter elles-mêmes. Depuis, elles exaltent sans se gêner leur propre divinité, leur esprit fantasque, leur cruauté, le despotisme avec lequel elles se vouent à un homme pour le dissoudre, le détruire :

*Je suis de la tête aux pieds*
*Réglée sur l'amour,*
*Car c'est mon univers*
*Et en dehors de cela, rien.*

*C'est, que puis-je y faire,*
*Ma nature,*
*Je ne peux rien qu'aimer,*
*Et en dehors de cela, rien.*

*Les hommes tournoient autour de moi*
*Comme des mites autour de la flamme*
*Et s'ils se brûlent,*
*Eh bien, qu'y puis-je ? Rien[1]*

---

[1] Ich bin von Kopf bis Fus — auf Liebe eingestellt — denn das ist meine Welt, und sonst gar nichts. Das ist. was soll Ich machen, — meine Natur — ich kann halt lieben nur — und sonst gar nichts. Männer umschwirren mich — wie Motten das Licht — und wenn sie verbrennen — ja, dafür kann ich nichts !

C'est ce que chante Marlène Dietrich dans *l'Ange Bleu*. Lorsque les femmes elles-mêmes arrivent à se trouver divines, à quel point ne doivent-elles pas l'être ! Dans la vie, elles exploitent leurs compagnons plus subtilement que dans ce film, elles ne le ruinent pas aussi rapidement (ce serait tuer la poule aux œufs d'or), elles y mettent le temps d'une vie. Et les hommes rient du misérable personnage qu'est le professeur de lycée, ils ne se voient pas eux-mêmes dans ce miroir. Aujourd'hui, Nancy Sinatra chante, sans changer beaucoup : « *These boots are made for walking...* » — « *Ces bottes sont faites pour marcher — et c'est ce qu'elles vont faire. Un de ces jours ces bottes — marcheront sur vous...* »

Un « tube », qui satisfait aussi bien la nostalgie qu'a l'homme d'adorer une déesse impitoyable que la revendication de la femme à la toute-puissance.

# DE L'AUTODRESSAGE

L'idéal d'un dompteur doit être de dresser si bien un animal qu'à la fin il se dresse lui-même. Jusqu'à présent, cela n'est jamais arrivé. Il en est autrement de l'homme. À partir d'un certain stade, c'est ce qu'il fait (il faut dire qu'il est beaucoup plus intelligent que sa dompteuse). Pour cela, il faut qu'il ait toujours devant les yeux un but, une récompense et un châtiment.

Nous avons déjà constaté une variante de cet autodressage dans l'idéalisation de la femme au moyen de l'industrie de la chanson. Mais la *branche de la publicité* offre des possibilités encore meilleures : l'homme y idéalise la femme non pas par masochisme, mais parce que cette idéalisation est devenue pour lui une question de vie ou de mort :

seules les exploiteuses ont assez de temps et d'argent pour acheter ce qu'il produit, pour consommer sa production.

Pour assurer à la femme sa maison en banlieue et le pouvoir d'achat nécessaire, il lui est absolument indispensable de cultiver dans d'autres maisons de banlieue des légions entières d'autres femmes qui achèteront ses produits. Il s'engage dans un cycle infernal qu'il parcourt toujours, toujours plus vite, jusqu'à ce qu'il rende haleine et qu'un autre le remplace. Il ne descendra jamais en route, il n'en sortira jamais.

Les instituts d'études de marché recherchent de préférence les souhaits inconscients de la femme — ses souhaits conscients sont satisfaits depuis longtemps — et ils vendent leurs trouvailles à prix d'or aux industries de consommation. Ils se hâtent de combler ce qu'il appellent les « lacunes du marché », comme s'il y en avait encore ! Ou c'est le processus contraire : des hommes produisent un nouvel article dans l'espoir qu'après une campagne publicitaire appropriée, il plaira aux femmes qui l'achèteront. Ils chargent une agence spécialisée d'éveiller chez elles l'envie, la nostalgie, de ce nouveau produit. Il arrive que ces calculs échouent : dans aucun pays d'Europe on n'a réussi jusqu'ici à vendre de grosses quantités de maisons préfabriquées, comme en Amérique.

À peu près tous les deux ans, une vague d'indignation provoquée par le gaspillage que cause cette frénésie de consommation soulève certains hommes ; le cliché de la femme-victime est si fortement enraciné dans leur conscience qu'ils restent frappés de cécité devant une preuve aussi évidente de leur exploitation par la femme. À les entendre, c'est elle qui se trouve manipulée, et cela par la publicité ; sa naïveté et sa bonne foi — pourquoi pas sa bêtise ? — sont honteusement abusées dans le but d'augmenter les chiffres d'affaires. Ils feraient mieux de se demander qui donc ici l'on manipule : celles qu'on cajole, dont on recherche et satisfait les moindres désirs inconscients, ou ceux qui, pour acquérir et conserver la sympathie des femmes, les entourent de soins, se mettent en quête de leurs désirs informulés, pour les exaucer. Le grand but de l'homme est toujours le même : combler les vœux secrets de l'être qu'il aime, les « lire dans ses yeux » comme on s'exprime encore aujourd'hui dans les romans conventionnels. Car on en est arrivé là : il n'existe plus de désir féminin que nous n'ayons découvert, et il n'en est presque aucun qui ne soit réalisable si l'on fait l'effort nécessaire.

On conçoit encore mal que, les choses étant ce qu'elles sont, les femmes sont obligées de devenir toujours plus bêtes comme les hommes plus intelligents, que la distance entre eux s'accroît constamment, rendant toute compréhension de plus en plus difficile. Car l'intelligence ne se développe que dans la concurrence : c'est un principe biologique fondamental. Or la femme s'est placée en dehors de toute concurrence et, abrutie par une offre surabondante de confort, elle laisse dépérir les derniers vestiges de ses facultés spirituelles. Pendant que l'homme, aiguillonné par les besoins matériels du sexe opposé, doit découvrir sans cesse de nouvelles sources d'argent et aiguise son don d'invention pour que son rendement s'accroisse, la femme, qu'entoure un luxe toujours croissant, devient de jour en jour plus obtuse, plus indifférente. Ainsi le concept de la *féminité,* qui jusqu'alors ne recouvrait que la procréation et la faculté de se vendre, devient une marque commerciale qui englobe désormais, de plus en plus, la *débilité mentale.*

Si Marx a raison et s'il est vraiment exact que l'être détermine la conscience — la pillule antibébés déterminerait alors la morale sexuelle comme l'égalité atomique une certaine idéologie pacifiste — la conscience de la femme occidentale — dont les conditions de vie au cours des vingt dernières années se sont considérablement modifiées (« améliorées ») — s'insère dans un processus de violente transformation. Et cette transformation, qui ne peut s'achever que par l'abêtissement total des femmes, est par là même si dangereuse que personne ne le remarque. Car l'image de la femme n'est plus fabriquée aujourd'hui par elle, mais par la publicité — donc par l'homme — et dès que quelqu'un ose, d'une manière quelconque, émettre un doute sur sa haute valeur, cent arguments enflammés se déchaînent contre lui : la femme est fine, tout esprit, inventive, pleine d'imagination, bienveillante, pratique et toujours adroite, selon cette publicité. Avec un sourire tendre, comme une déesse, elle sert à sa troupe d'enfants reconnaissants la dernière boisson instantanée ; son mari ne la quitte pas des yeux, plein d'adoration pour elle puisqu'elle lui apporte le nouveau plat préparé ou parce qu'il se lave le matin avec un gant d'un tissu éponge nouveau que le nouveau détergent a rendu plus doux encore que d'habitude. Cette image, que l'homme utilise pour vendre ses produits et qu'il a lui-même créée dans ce but, est reprise sans arrêt chaque jour dans tout l'hémisphère occidental au moyen de tous les mass-média. Comment pourrait-on imaginer que les femmes sont en réalité bêtes, dépourvues de toute imagination et de toute sensibilité ? Ce n'est pas la femme qui le dira. Or l'homme n'en a pas le droit.

La femme est le client et l'homme le vendeur.

On ne gagne pas le client en lui disant : « Voici quelque chose de bon, c'est cela que tu dois acheter. » On lui dit : « Tu es formidable. Pourquoi devrais-tu t'entourer d'objets inférieurs ? Tu mérites le confort, il est à portée de ta main... » Abstraction faite du reste, l'homme doit donc louer la femme parce qu'il a besoin d'elle comme cliente. Notons au passage qu'il recourt à un procédé analogue à ceux dont la femme se sert pour le dresser. Dommage qu'il l'emploie contre lui : elle le loue pour qu'il travaille, et il la loue pour qu'elle gaspille l'argent que ce travail rapporte ! Chaque fois qu'il flatte la femme du voisin et lui vend un nouveau tapis pour sa salle de séjour, il devrait penser que sa propre femme, le lendemain, recevra la visite du mari de la voisine, qui lui vendra une nouvelle baignoire. Autrement, comment le malheureux paierait-il le tapis ?

L'homme se retrouve au fond du piège qu'il a construit : tandis qu'il soutient au-dehors une lutte toujours plus dure pour se procurer de l'argent, sa femme l'abrutit chez lui, et son domicile se remplit chaque jour davantage d'un bric-à-brac, d'une camelote inutiles, en échange desquels sa femme finance la bêtise des femmes de ses concurrents. Alors qu'en réalité il aime la simplicité et le fonctionnel, le voici qui évolue dans un labyrinthe de volutes et d'enjolivures. Sa salle de séjour s'emplit de chats de porcelaine, de tabourets de bar, de tables de verre, de chandeliers et de coussins de soie ; les murs de sa chambre à coucher sont tapissés d'un tissu à fleurettes, et quand il cherche dans la salle de bains une place pour mettre son rasoir, toutes les étagères sont occupées par les pots de crème, les instruments et les fards d'une épouse peinte selon les derniers artifices de la publicité.

Quant à lui, il faut qu'il arrive presque à n'acheter que des produits dont sa femme tire avantage : la voiture de sport, des articles de luxe, divers objets pour la maison, donc toujours pour elle, car qu'est-il, sinon une sorte de vagabond qui va et vient entre son bureau et sa villa de banlieue ? D'ailleurs, elle achète volontiers, avec l'argent de son mari, quelque chose pour lui : cravates, chemisettes de couleur, cendriers, porte-documents, etc. Le problème est qu'un homme a besoin de si peu : ses vêtements sont normalisés et par conséquent bon marché, sa consommation d'aliments et de boissons est réduite en vue de son rendement, et pour les autres biens de consommation, en dehors de la cigarette qu'il fume en travaillant, il n'a pas le temps. Jusqu'ici tous les efforts de l'industrie pour amener les hommes à consommer des eaux de Cologne, des lotions capillaires ou des vêtements plus hauts en couleur — à la mode et donc moins durables — ont été plus ou moins vains. Seuls de très jeunes gens (dont la productivité ne suffit pas encore à une femme), des hommes très riches (qui de toute façon sont « aimés »), des artistes (une sorte de troupe de pantins à l'usage des femmes) ou les pédérastes, s'habillent à l'ultime dernière mode. De même, en dépit de toutes les tentatives des spécialistes de la publicité, la « Fête des Pères » est loin d'avoir le même succès commercial, dans toutes les branches, que la « Fête des Mères ». Le jour où ils se sentent vraiment en fête, les hommes, dans le meilleur des cas, se réfugient une ou deux heures dans un local quelconque pour vider en paix un verre de bière.

En dehors de manger, boire et fumer, il n'existe plus qu'une seule activité autonome pour l'homme : satisfaire son instinct sexuel. Aussi n'est-il pas étonnant que des commerces spécialisés soient nés pour exploiter ses désirs, c'est-à-dire les exciter et les porter à leur paroxysme alors qu'ils tiennent déjà tant de place dans sa vie. Si bien qu'il faut qu'il les satisfasse, au tarif habituel, encore avec une femme.

Comme les entreprises de ce genre sont dans leur grande majorité dirigées par des hommes, cela signifie que l'homme, pour survivre, se met dans la position pénible de satisfaire la lubricité de ses semblables. Il cultive leur luxure en employant tous les moyens dont il dispose et procède aussi méthodiquement qu'Alexandre Pavlov avec ses chiens. De même qu'à la fin de l'expérience, la sonnerie qui précède pendant une certaine période la pâtée de l'animal, suffit à elle seule à déclencher sa sécrétion salivaire, on provoque aujourd'hui l'érection des hommes en leur présentant non plus une femme nue, mais la photo d'un sein à demi dénudé, une série de soupirs sur un disque ou une phrase quelconque dans un livre. Ce mécanisme ne profite pas seulement à l'industrie de l'érotisme, mais à tous les commerces qui veulent vendre aux hommes des articles destinés aux femmes, car une exhibition de seins aide considérablement à la vente d'un bien de consommation. L'homme achète tel livre, voit tel film ou lit tel hebdomadaire dans l'espoir de pousser au maximum son désir sexuel, et tout à fait accessoirement l'envie le prend d'un voyage autour du monde, d'un week-end en montagne ou d'une nouvelle voiture de sport.

L'un des exemples les mieux réussis de cette variante d'auto dressage masculin est le magazine américain *Playboy,* où l'homme se voit proposer tour à tour des autos coûteuses, des alcools, des vêtements superflus et des articles de fumeur, parmi de magnifiques seins de femmes qui allument son désir et d'exposés théoriques extrêmement bien faits lesquels, en l'intéressant, lui donnent l'occasion de reprendre des forces pour une nouvelle érection au prochain arrivage de seins. Une telle publication paraît aux femmes quelque chose d'inouï, mais le culte du sein semble s'être enraciné chez l'homme dans des proportions telles qu'il a perdu toute possibilité de concevoir à quel point cette situation est grotesque. L'industrie qui exploite son instinct sexuel lui suggère si habilement que la poitrine féminine est faite uniquement pour son plaisir qu'il oublie complètement la raison pour laquelle elle existe. Cette illusion réussit désormais cent fois sur cent, car depuis l'invention précieuse des laits artificiels, l'homme n'a guère plus l'occasion d'apercevoir un bébé en train de téter sa mère.

# DES OTAGES DE LA FEMME : SES ENFANTS

L es enfants sont, au-dessus de toute autre chose, dignes d'être aimés. Cela ne justifie pas qu'on les mette au monde. Qui fait des enfants fait des adultes, c'est-à-dire des hommes et des femmes. La plupart des hommes, une fois adultes, mènent une vie infernale. Et le bonheur des femmes est si primitif, il s'élabore tellement aux dépens des autres, qu'il n'y a aucune raison de multiplier leur nombre.

Prétendre que seules les femmes souhaitent des enfants, ne correspond pas à la vérité. Les hommes veulent en avoir, car l'enfant est l'un des deux ou trois prétextes qu'ils saisissent pour excuser leur asservissement à la femme. Quant à elle, elle se sert d'eux pour justifier sa paresse, sa bêtise, sa fuite devant les responsabilités. Ainsi, l'un et l'autre ont besoin des créatures qu'ils procréent, chacun dans leur intérêt.

Bien que le monde soit plein de nourrissons à demi affamés, chaque couple continue à procréer. De son côté, l'homme doit avoir une raison pour demeurer l'esclave d'une femme (la mère de *ses* enfants) et non d'une autre, même quand le désir qu'il a d'elle a disparu depuis longtemps. Du fait qu'elle constitue surtout l'alibi du besoin qu'il a de s'asservir, il n'a qu'une femme à la fois (dans toutes les sociétés industrielles, l'homme est psychologiquement monothéiste, c'est-à-dire monogame). Plusieurs dieux — plusieurs femmes — lui ôteraient son sentiment de sécurité, lui rendraient encore plus difficile son identification avec lui-même et le repousseraient dans cette liberté qu'il fuit constamment.

Pour la femme, de telles raisons ne comptent pas. Nous avons vu que n'ayant aucune pensée abstraite, elle n'éprouve pas l'angoisse de vivre et n'a nul besoin d'un Dieu qui conférerait un sens plus élevé à son existence. Il lui faut seulement un prétexte pour que l'homme qu'elle a choisi travaille justement pour elle (cet homme qui depuis longtemps n'éprouve plus de désir à son égard) : elle aura donc des enfants de lui. S'il y avait sur notre planète trois fois plus d'hommes que de femmes, chacune d'elles ne ressentirait aucune gêne à se faire féconder, à tour de rôle, par les trois hommes disponibles pour qu'ils travaillent tous pour leur progéniture, c'est-à-dire pour elle. Jouant de l'un contre l'autre, elle pourrait augmenter énormément leur rendement et par conséquent son confort. Contrairement aux conceptions courantes, la femme se prêterait bien plus volontiers à la polyandrie que l'homme à la polygamie.

Avoir des enfants avec une femme, c'est pour un homme lui livrer des otages. Il est ainsi sûr d'être toute sa vie à la merci de son chantage. Ce n'est qu'ainsi qu'il se crée un point fixe dans son existence absurde et qu'il justifie à ses yeux la servitude à laquelle l'a voué son dressage. Chaque fois qu'il travaillera désormais, il ne peinera plus seulement pour deux êtres qui ne font rien, l'un parce qu'il ne veut rien faire puisqu'il est femme et l'autre qui ne peut pas parce qu'il est trop petit, mais pour quelque chose de plus, pour un *système* qui embrasse tout ce qui dans ce monde est pauvre, impuissant et doit être protégé (la pauvreté, l'impuissance et le besoin de protection *en soi)*, et qui, croit-il, ne peut se passer de lui.

Sa femme et son enfant lui procurent un alibi pour cet esclavage, une justification artificielle de sa misérable existence. Ce système, ce groupe sacré qu'il a lui-même créé *sans motif,* il l'appelle sa « famille ». Au nom de la « famille », la femme accepte joyeusement ses bienfaits : en accueillant les otages qu'il lui confie, elle fait donc finalement ce qu'il souhaite, elle l'enchaîne encore plus fortement à elle en le faisant chanter jusqu'à la fin de sa vie, en tirant de lui tout le bénéfice possible.

Ainsi tous deux tirent profit de leurs enfants — autrement ils n'en auraient pas : l'homme assure à sa vie, rétroactivement, un sens plus élevé qui lui confère le droit de se laisser réduire en esclave à perpétuité ; la femme garde pour elle tous les autres avantages. Et ces avantages doivent être énormes, car pour ainsi dire toutes ont le choix entre une vie professionnelle et des enfants, et toutes — ou presque — choisissent l'enfant.

On pourrait objecter que si les femmes refusent d'avoir une vie professionnelle et se décident en faveur des enfants, c'est parce qu'elles les aiment. Disons tout de suite qu'une femme est incapable d'un sentiment aussi puissant que celui d'un amour unique et sans mélange. La preuve en est que la grande majorité ne se soucie que de leurs enfants et jamais de ceux des autres. Elles n'acceptent celui qui n'est pas d'elles que lorsque, pour des raisons médicales, elles ne peuvent en avoir, et seulement quand elles ont tout essayé, y compris de plus en plus souvent la fécondation artificielle par le sperme d'un homme autre que leur mari. Bien que les crèches du monde soient pleines d'enfants ravissants qui ont besoin d'être secourus, bien que la télévision et la presse évoquent presque quotidiennement les petits Africains, Indiens et Américains du Sud morts de faim, les femmes, qui prétendent *aimer* les enfants, préfèrent recueillir chez elles un chien ou un matou errants qu'un gosse abandonné. Et c'est en vain que la presse les prévient qu'elles doivent être prudentes, qu'un enfant sur soixante naît handicapé (hydrocéphale, aveugle, sourd, faible d'esprit, avec des membres manquants ou atrophiés) ; sans se laisser impressionner le moins du monde, comme condamnées par un enchantement funeste, elles continuent à enfanter. Quand l'une d'elles met au monde l'un de ces êtres difformes, son égoïsme ne lui saute pas aux yeux, elle ne reconnaît pas sa responsabilité. Dans notre société, on la considère comme une martyre, on lui témoigne le plus grand respect, et si elle n'a pas encore d'autres enfants, elle se dépêche d'en fabriquer un qui soit « normal », semblable à ceux des autres femmes, pour prouver qu'elle est saine, obligeant souvent cet enfant à supporter la charge, pendant toute son enfance et toute sa vie, d'un frère ou d'une sœur faible d'esprit.

Il est difficile de démasquer les femmes, d'affirmer qu'elles n'aiment pas les enfants et qu'elles profitent d'eux, parce que la grossesse, l'accouchement et les premiers soins comportent réellement des désagréments. Mais ils sont si peu de chose en échange de ce qu'ils rapportent : la sécurité et le confort la vie durant, la libération de toute responsabilité. Que ne ferait un homme pour obtenir quelque chose d'équivalent ?

Les hommes eux-mêmes commencent à se rendre compte qu'une grossesse n'est pas si désagréable qu'elle le paraît. Beaucoup de femmes se sentent particulièrement bien pendant cette période, et c'est devenu récemment la mode de l'avouer ouvertement. Elles n'ont guère besoin de se soucier de la laideur et de la difformité qui l'accompagnent, silhouette disgracieuse, visage boursouflé, peau tavelée, cheveux cassants et jambes gonflées : elles ne recherchent alors plus d'homme, elles en ont déjà un, et s'il doit lui aussi supporter que sa femme se transforme de papillon en chenille, il n'a qu'à s'en prendre à lui : c'est *son* enfant qu'elle attend, c'est *lui* qui l'a défigurée, n'est-ce pas ? De quel droit la trouverait-il poussive et repoussante ? De plus n'est-ce pas la preuve qu'elle lui « offre sa jeunesse » ?

Sur l'accouchement, les bruits qui courent encore sont si effrayants que l'homme est incapable de s'imaginer que la femme met des enfants au monde pour elle, pour son propre profit, et non pour le sien. Si l'expression « elle lui a offert un enfant » a disparu peu à peu de la littérature, elle est demeurée profondément enracinée dans la conscience des hommes, et la naissance de leur progéniture provoque d'abord chez eux un sentiment de culpabilité (envers la femme, remarquons-le bien, absolument pas envers l'enfant !).

L'homme devrait se représenter, ne serait-ce qu'une fois, ce qu'il déciderait de faire s'il avait la possibilité de s'assurer une petite rente à vie au moyen d'une séance de six heures chez le dentiste. Certes, il y a de temps à autre des accouchements difficiles (l'anesthésie permet la plupart du temps de supprimer les douleurs), mais généralement la mise au monde d'un enfant n'est pas plus désagréable pour une femme qu'une longue séance de soins dentaires. Ce que les hommes en savent — par les femmes — est le plus souvent exagéré de manière honteuse. Les cris atroces qui leur parviennent si fréquemment malgré les portes closes de la salle d'accouchement, s'expliquent parfaitement par une absence totale de fierté et de maîtrise de soi (nous reviendrons là-dessus).

Depuis des années, une nouvelle méthode permet aux femmes d'enfanter sans douleur et sans anesthésie au moyen d'une gymnastique et d'une préparation psychologique appropriées. Il ne leur reste plus qu'à se mettre d'accord : mettre un enfant au monde, est-ce douloureux, oui ou non ? Tant que l'une dira le contraire de l'autre, elles ne feront que se discréditer et desservir leur propre cause.

Naturellement, la femme a, pour procréer, d'autres raisons que de jouer la comédie de l'incapacité et de passer ses jours à effectuer un travail facile que ne surveille aucun supérieur. Par exemple, elle découvre un jour que son corps fonctionne comme un distributeur automatique : il suffit d'y introduire quelque chose d'absolument insignifiant pour qu'il en sorte autre chose d'absolument fantastique. Se livrer à un jeu aussi merveilleux ne peut que la tenter. Et comme cela réussit presque toujours et que neuf mois plus tard un être humain sort de l'appareil, elle est transportée d'enthousiasme, se trouve prodigieuse, et a bien envie de recommencer immédiatement et sans cesse. (Faire fonctionner l'automate est en fait aussi légitime que défoncer le crâne de quelqu'un qui automatiquement tombe à la renverse : c'est une possibilité biologique...). Si jouer au distributeur ne se terminait pas par une tribulation quelconque, la femme serait insatiable. Elle est donc obligée de s'imposer une limite dès que l'enfant ne lui apporte qu'un surcroît de pensum quotidien sans augmentation de sécurité et de confort.

Cette limite est en règle générale facile à déterminer. Elle dépend principalement du degré d'automatisation du ménage : dans les pays hautement industrialisés, une femme désire avoir en moyenne de deux à trois enfants. L'Américaine du Nord, dont l'intérieur est totalement automatisé, en a presque trois ; l'Européenne, dont l'équipement n'est pas complet, s'en tient à un peu plus de deux. Les femmes désirent rarement un seul enfant, et plus de trois est presque considéré comme asocial à cause du vacarme et de l'odeur de lessive. L'enfant unique ne procure aucun avantage à une femme, seulement des inconvénients : avec un seul enfant, elle ne semble ni aussi désarmée ni liée à son foyer autant qu'elle le doit.

Il peut aussi arriver malheur à l'enfant à l'âge où elle n'est plus capable d'en mettre un autre au monde ; elle perd alors tout prétexte pour mener une vie plus agréable que son mari, comme lui pour travailler exclusivement pour elle. En outre, l'enfant unique n'a pas de camarades de jeu, et s'il y a une chose que les femmes haïssent, c'est bien de jouer avec leurs enfants. C'est que ces derniers s'intéressent à tout, posent des questions sur tout, tandis qu'elles par principe ne s'intéressent à rien (si ce ne sont les possibilités idiotes de divertissement que leur offrent leur ménage et leur propre corps). Même avec un maximum de bonne volonté, il leur est donc extrêmement difficile de s'insérer dans l'univers extraordinaire, plein d'aventures, de l'enfant.

La femme dispose bien d'un répertoire de phrases ineptes adaptées aux tout-petits — « Qui est-ce donc, ce petit garçon-là ? » —, mais elles ne lui servent plus dès que l'enfant atteint l'âge mental de deux ans et commence à penser. En ce qui concerne la mère et le fils, et même la mère et la fille, il n'existe aucun cliché semblable à ceux qui définissent les rapports d'un père avec son fils (« il ne peut plus quitter le chemin de fer électrique de son gosse »). Lorsqu'une femme prend sur soi et joue une demi-heure par jour avec son enfant (« ... pas plus, cela pourrait nuire à son développement mental »), elle se vante partout de cette prouesse, et avec raison, car remporter sur soi une telle victoire est vraiment, pour elle, une action d'éclat.

Il faut donc de deux à trois enfants pour garantir la sécurité matérielle d'une femme ; ils la font apparaître incapable de se débrouiller seule et d'avoir une profession, et le risque de se retrouver à un certain âge sans enfants (et petits-enfants), sans personne qui lui témoigne le respect dû aux soins maternels, diminue d'autant. De plus, les enfants jouent ensemble, ce qui lui permet de se consacrer à des occupations plus « relevées », couture ou pâtisserie. Dans ce cas, les soins maternels consistent à boucler les enfants ensemble dans une pièce où elle ne rentre que lorsque l'un d'eux, s'étant fait mal, crie assez fort.

Ajoutons à cela qu'il est beaucoup plus facile d'élever et de dresser deux enfants ou plus, qu'un seul. Il faut s'ingénier pour obtenir l'obéissance d'un seul enfant, l'enjôler, le « convaincre », lui « faire entendre raison » ou le punir, ce que la femme trouve fort ennuyeux et dont elle charge par conséquent son mari. Au contraire, l'éducation de plusieurs enfants se fait par le chantage : comme l'approbation de leur mère commande toute leur vie, il lui suffit de manifester pour l'un d'eux une petite préférence pour que les autres fassent immédiatement ce qu'elle leur demande. Chaque enfant vit dans la crainte que sa mère lui retire son « amour » et le donne à un autre. Certes, cette peur ne laisse plus de place à une véritable affection fraternelle (comme si les femmes s'intéressaient à cela !), mais elle encourage cette concurrence et par conséquent le rendement commun. Même plus tard, adultes depuis longtemps, ils ne souhaiteront au fond d'eux-mêmes qu'une chose : se surpasser, se distinguer aux yeux de leur mère, les garçons pour satisfaire professionnellement sa fierté, les filles renchérissant l'une sur l'autre dans leur course à la possession des biens. Et de temps à autre, tous reviendront à elle, qui verra dans cette réunion une preuve d'attachement et tiendra pour « esprit de famille » l'intérêt que frères et sœurs se portent, alors qu'ils ne désirent que faire parade de leurs nouvelles acquisitions.

Tous ces avantages ne sont néanmoins valables qu'avec deux à trois enfants. En a-t-elle plus, ce qui de nos jours s'explique seulement par une négligence de sa part ou les conceptions religieuses du mari, elle se trouve réellement occupée à l'extrême pendant quelques années, mais toujours par une division consentie du travail, sans responsabilité aucune quant à l'entretien vital de tous — il est rare qu'une femme se sente responsable de ses enfants — et sans supérieur qui la commande ou la surveille. Cette activité accrue ne dure que jusqu'au moment où le plus jeune des enfants atteint l'âge du jardin d'enfants et lui assure un petit avantage de plus : elle peut être sûre que son mari ne la laissera jamais tant que les enfants ne seront pas adultes. Car l'homme qui se sépare d'une femme avec laquelle il a eu quatre enfants ou plus est pratiquement considérée dans notre société comme un criminel, même quand il le fait simplement parce qu'il ne peut vraiment plus la supporter.

Quoi qu'il en soit, lorsque les enfants, quel que soit leur nombre, ont atteint l'âge de l'école même maternelle, la femme a accompli la plus grande partie du travail de sa vie. Elle dispose de nouveau d'assez de temps, et souvent d'assez d'argent, pour jouir en quelque sorte de la vie. Elle va chez le coiffeur, arrange des fleurs dans un vase, encaustique ses meubles d'après les recettes de son hebdomadaire féminin et soigne son corps précieux. Dans la plupart des pays occidentaux, l'école dure presque toute la journée, et dans les autres où la chose n'existe pas encore, les hommes, portés par leur élan habituel, sont en train de l'instituer : leurs recherches méthodiques leur ont prouvé que des enfants que l'on cesse d'abandonner la moitié de la journée à l'influence de leur mère, développent beaucoup plus rapidement leurs facultés mentales et supportent mieux plus tard les à-coups de la vie. Les femmes ne se formalisent pas de cette constatation : comme elles n'ont aucune idée de ce que l'homme appelle « l'honneur », il est impossible de les blesser sur un point pareil. De toute façon, prolonger la journée scolaire, n'est-ce pas pour elles double profit ?

# DES VICES FÉMININS

L orsqu'une pile de linge bien repassée s'élève dans un ordre rigoureux sur une planche d'armoire, que le rôti présente sur toutes ses faces la même belle couleur brune, quand une bouclette lui retombe sur le front de la façon désirée, que le rose de son vernis à ongle correspond exactement à celui de son rouge à lèvres, quand une lessive d'une blancheur virginale flotte au vent, que dix paires de souliers bien alignées montrent qu'ils viennent d'être cirés de frais et que les vitres sont si bien nettoyées qu'elles aveuglent le passant, lorsque le mari étant parti à l'heure exacte pour travailler, ses enfants jouent au soleil, l'univers de la plupart des femmes est vraiment parfait. Dans des moments semblables, elles se trouvent transportées au sommet de la jouissance ; aucun sentiment de bonheur n'atteint chez elles un tel degré d'intensité. Et pour se maintenir dans cette humeur exaltante, elles se précipitent dans la confection d'une pâtisserie de plus, arrosent le caoutchouc du rebord intérieur de leur fenêtre ou tricotent un pull-over pour le plus jeune des enfants. Car les plaisirs diffèrent selon qu'on travaille ou non. Une femme ne se vautre pas sur un divan pour lire le journal, son oisiveté ne correspond en rien à ce que les hommes entendent par là, et c'est d'ailleurs pourquoi la femme leur fait l'effet d'être toujours occupée. Si elle ne veut pas travailler, ce n'est pas pour se détendre ou se reposer (de quoi se reposerait-elle ?), mais parce qu'étant toujours à la recherche de plaisirs, il lui faut pour cela du temps libre. Ces plaisirs, nous les connaissons : pâtisser, repasser, coudre, astiquer des vitres, s'arranger une bouclette, se laquer les ongles des pieds et parfois même, chez les femmes au haut niveau spirituel — nous parlerons d'elles plus tard — taper à la machine et sténographier. Pour que le bonheur que lui causent ces distractions ne soit pas trop évident, elle les baptise aux travaux ménagers ». Si elle se livre à des soins corporels, c'est uniquement pour plaire à son partenaire, et elle décore du terme « activité stimulante pour l'esprit » sa satisfaction niaise d'être assise à une table de machine à écrire, dans l'antichambre d'un patron ou d'un supérieur, déguisée à son habitude comme pour un carnaval, avec, pour tâche « stimulante », la transcription en signes visuels de la pensée formulée exactement par quelqu'un d'autre. Grâce à cela, elle peut se livrer avec toutes ses pareilles à une kermesse gigantesque et permanente : son existence se déroule dans un monde de liberté, d'absence de responsabilité et de bonheur rationnel dont un homme n'ose jamais rêver pour lui, qu'il imagine éventuellement possible chez les hippies ou les habitants d'une île du Pacifique, mais certainement pas dans son entourage immédiat.

Il n'y aurait naturellement rien à redire à ces orgies innocentes, si les hommes les prenaient pour ce qu'elles sont, s'ils ne ruinaient pas toute leur vie en croyant que les femmes ont un sort encore plus dur que le leur. Or, ils n'arrivent jamais à concevoir que tout ce que les femmes font n'est que plaisir pour elles. Il leur faudrait d'abord se rendre compte à quelle profondeur plonge la bêtise des femmes, une bêtise telle qu'elles peuvent seulement se distraire au niveau le plus bas, et toujours de la même manière ; poussée à cet extrême, la bêtise demeure en dehors des possibilités d'imagination d'un homme.

Les psychologues, bien qu'ils s'occupent constamment de l'intelligence féminine — en tant qu'hommes ils s'y intéressent d'autant plus — ne se sont pas encore rendu compte que toute l'étrangeté qu'ils découvrent dans le psychisme de la femme n'est peut-être due qu'à sa stupidité ; que si les activités « féminines » leur semblent dépourvues de tout attrait, c'est parce qu'ils manquent, eux, de l'ineptie nécessaire pour trouver le contraire. Lorsque ces spécialistes constatent que les écolières réussissent presque exclusivement dans les matières où elles n'ont pas besoin de penser, où l'on apprend tout par cœur comme les langues étrangères ou les règles mathématiques qu'il suffit ensuite d'appliquer, tandis qu'elles échouent presque toujours en physique, en chimie, en biologie par exemple, il ne leur vient jamais à l'esprit qu'une mémoire excellente, comme c'est prouvé, est parfois un symptôme de débilité mentale, ils n'en déduisent pas que ces filles manquent simplement d'esprit, mais qu'elles ont au contraire une « intelligence typiquement féminine ». Ils n'ont jamais pensé et ne penseront jamais qu'ils se trouvent devant une sorte de bêtise acquise (et non innée), qui provient du fait que la moyenne des femmes expriment pour la dernière fois une pensée originale à l'âge de cinq ans, et qu'ensuite, suivant les directives d'une mère totalement abrutie, elles s'efforcent de freiner en elles le développement de toute forme d'intelligence.

Les autres hommes ne s'avouent guère, eux non plus, la sottise infinie de leurs compagnes. Ils se disent bien qu'elles ne sont pas particulièrement brillantes, mais n'ont-elles pas un *instinct* — qu'ils appellent féminin pour le distinguer de celui des animaux ? Malheureusement, cet instinct si réputé n'est qu'un mot qui dissimule vraisemblablement une réalité statistique ; puisque les femmes se mêlent de tout et donnent leur avis sur tout (du fait de leur bêtise, elles ne s'aperçoivent pas de leurs gaffes), il faut bien de temps à autre qu'elles tombent juste. De plus, leurs pronostics sont négatifs et dépourvus de toute précision : « Ça ne peut amener qu'une catastrophe... ou bien : « Moi, je me méfierais de cette affaire... » ou encore : « Tous ces gens que tu appelles tes amis ne t'apporteront que des déceptions. » C'est le genre de prédictions que tout le monde est capable de faire à tout moment. Et si maintes fois les femmes voient les choses plus clairement que les hommes, c'est parce que, contrairement à eux, elles sont dénuées de tout sentiment.

Ainsi, la bêtise des femmes n'est que la conséquence logique de leur attitude envers la vie. Que ferait de l'intelligence et des conceptions qu'elle suppose, un être humain décidé, dès l'âge de cinq ans, à vivre plus tard aux dépens d'un autre ? Car toute fillette de cet âge entend déjà se marier, tenir son ménage, mettre des enfants au monde, et elle ne change d'idée ni à dix, ni à quinze ni à vingt ans. Elle sera donc préparée à s'adapter aux inclinations et aux intérêts de celui qui la fera vivre, à flatter ces inclinations et ces intérêts, et pourtant, elle n'a aucune idée de ce qu'il pourra être. À quoi lui servirait-il, par exemple, de se vouer de bonne heure à la cause du socialisme si elle doit épouser plus tard un richissime patron d'usine ? (Quand une étudiante manifeste, c'est toujours parce qu'elle est liée à un manifestant étudiant.) Que se passerait-il si sa sensibilité la portait à devenir végétarienne et qu'elle soit ensuite obligée de suivre en Australie un éleveur de troupeaux ? Et pourquoi se convertirait-elle à l'athéisme pour passer peut-être le reste de sa vie comme épouse de pasteur dans un presbytère enfoui sous les roses ?

Qu'eût fait *Jacqueline Bouvier* si elle avait nourri, dans son adolescence, quelques concepts idéologiques ? De toute façon, son premier mariage avec John Kennedy lui aurait donné un faible pour la démocratie, et son second, un faible pour le fascisme ? Et puisqu'il s'agit d'une femme des plus « féminines » qui soient, elle n'accorde probablement aucune importance à l'estime des hommes : ce qui compte surtout pour elle, c'est de plaire aux femmes et d'exercer sur elles une certaine influence.

Aussi vaut-il mieux qu'une fille de la bonne société n'apprenne dans sa jeunesse qu'un peu d'art, un peu de bonnes manières et un peu de langues étrangères. Si jamais un jour elle se trouve acculée à jouer un rôle dans la vie officielle où peut l'entraîner la haute situation de son mari, il lui suffira d'affirmer qu'une « vraie » femme doit vivre pour lui et pour ses enfants : le monde entier considérera sa déclaration comme une preuve de grande modestie et l'en applaudira.

La bêtise des femmes est si écrasante que tout ce qu'elles touchent en est comme pénétré. Si on ne s'en aperçoit pas, c'est seulement parce que, dès la première seconde de notre vie, chacun de nous y est livré et s'y habitue insensiblement. Jusqu'à présent, les hommes l'ignorent ou la considèrent comme une qualité typiquement féminine qui ne fait de mal à personne. Mais comme les femmes disposent de plus de temps et d'argent, le besoin qu'elles ont de se distraire devient lui aussi de plus en plus grand, si bien que leur bêtise pèse chaque jour davantage sur notre vie publique. Elle ne se reflète plus seulement dans chaque vase, dans chaque tableau de chambre à coucher ou dans chaque rideau de brocart de leur intérieur, dans leurs réceptions comme dans les prêches dominicaux, elle s'étale de plus en plus dans ce qu'on appelle les mass-média. Les émissions pour femmes prennent le dessus à la radio et à la télévision ; dans les colonnes des journaux les plus sérieux, la place réservée aux potins de société, aux crimes, à la mode, aux horoscopes et aux recettes de cuisine ne fait que grandir, et les publications spéciales pour femmes sont chaque jour plus nombreuses. Peu à peu, ce ne sont pas seulement les sphères particulières d'intérêt des hommes, mais toute la vie publique que contamine cette bêtise.

Il existe par exemple des périodiques politiques, philosophiques, économiques, psychologiques, médicaux, et d'autres où l'on parle de vêtements, de soins de beauté, de « culture de l'habitation », de potins mondains, de cuisines, de faits-divers, d'histoires d'amour. Les premiers ont une clientèle presque exclusivement masculine, les seconds, uniquement féminine, et hommes et femmes trouvent leur lecture respective si pénible, si monotone, qu'ils préféreraient mourir d'ennui plutôt que d'y porter les yeux. C'est que les hommes s'intéressent vraiment aux formes de vie primitive qu'il pourrait y avoir sur Mars, qu'ils veulent savoir si les arguments des Chinois dans le conflit de frontière qui les oppose aux Russes sont justes, tandis que ce genre de problèmes laisse les femmes absolument froides. Ce qui les passionne, c'est un point de broderie ou de crochet et le divorce éventuel d'un comédien connu. Vivant déjà séparés, chacun avec son horizon particulier sans jamais avoir de contact véritable, l'homme et la femme n'ont plus qu'un intérêt commun : la femme.

Naturellement, quelques hommes s'occupent malgré tout des publications féminines. De même que des esclaves masculins créent pour les femmes une mode qui leur permet d'affirmer avec tranquillité qu'elles se plient aux volontés des grands couturiers, la presse du cœur et du reste est, elle aussi, produite et vendue par des hommes dont les efforts ne peuvent avoir du succès que s'ils s'abaissent au niveau spirituel de leur clientèle, la femme, pour découvrir ce qui lui plaît. Comme l'entreprise est presque désespérée pour eux, chacun s'entoure d'une équipe féminine qui le conseille sur le genre de distractions que le journal doit offrir à ses lectrices. Finalement, c'est lui qui assumera toutes les responsabilités : confection, vente et augmentation du tirage.

Ces publications distraient les femmes *(Ladiev' Home Journal, McCall's)* etc., satisfont leur rage de potins *(Gente, Movie Life),* les conseillent dans le choix de leurs déguisements *(Vogue),* ou réunissent ces différents éléments dans une même présentation (*Elle, Brigitte, Grazia).* Une chose leur est commune : elles ignorent totalement l'homme, alors que les revues masculines ont au contraire la femme pour thème principal. Quand elles le citent, c'est presque toujours par rapport à ses préférences supposées en matière de femme, de décor du foyer ou de nourriture : « Vous porterez cet été de la lingerie couleur chair, les hommes aiment... » ou encore : « Un maquillage naturel pour votre premier rendez-vous avec Lui » ou bien : « N'oubliez pas d'être romanesque, allumez une bougie » à moins que ce soit : « Trois bonnes recettes qui susciteront son amour... ». Remarquons qu'une connaissance aussi détaillée des besoins masculins n'a qu'un but : appâter plus facilement ou enchaîner plus longtemps un homme *quel qu'il soit :* les lectrices de ces gazettes sont ou disponibles et par conséquent à la recherche de main-d'œuvre, ou mariées et braquées sur la nécessité de garder celle qu'elles possèdent déjà. Finalement, il s'agit là de modes d'emploi, et rien de plus, du robot le plus sûr et le plus efficace du monde, car c'est ainsi qu'elles considèrent les hommes. Elles ne s'en cachent même pas, comme le prouvent souvent les titres des articles : « Ferrez-le bien, et pour toute la vie... », « Dix choses qui le maintiendront en bonne humeur » ou « Conseils pour les trois premières années de mariage ».

Le texte qui suit est aussi bien disposé, aussi clair que s'il s'agissait d'un tuyau pour l'achat d'une voiture ou d'instructions pour le lavage d'un pull-over en cachemire.

Évidemment, les intérêts de la femme étant limités, la rédaction se trouve parfois sans matériau adéquat, et comme les hommes s'intéressent à tout, elle recourt aux thèmes masculins qui ne manquent jamais et qu'il suffit d'adapter, par un procédé fort simple, au niveau des lectrices. D'abord, un grand principe : chaque article doit donner aux femmes l'impression qu'il s'agit d'elles. C'est ainsi que les tribulations d'un boxeur vieilli doivent être intitulées : « Les femmes ont causé ma ruine » ; qu'un compositeur, au cours d'une interview, doit proclamer au moins une fois que toute son inspiration lui vient d'elles et qu'une belle jeune fille est comme une mélodie, mais en beaucoup plus beau. Lorsque ce camouflage est réussi, il est possible de servir aux femmes les sujets les plus éloignés d'elles. L'expérience a prouvé qu'elles arrivent même à absorber les problèmes que doit résoudre un ministre de la Défense nationale si l'article se présente comme un compte rendu de sa vie familiale, et naturellement il ne s'agit pas de mesurer la place qu'occuperont les photos de sa femme et de ses enfants. De même, on peut leur parler d'un pays étranger quelconque si l'on décrit la vie qu'y mène une femme de leur milieu, en prétendant qu'elle a épousé un indigène. Titre : « Mon mari est Japonais, Égyptien, Chilien, Israélien. »

Ce principe s'applique à tous les domaines, particulièrement la politique. Les femmes s'intéressant à elles-mêmes et non aux hommes, on arrive à mettre à leur portée les événements de l'actualité si on leur fait croire qu'une femme en est le centre. Elles ne se sont vraiment intéressées à la guerre du Vietnam qu'à partir du moment où elles ont vu dans la presse les premières photos de la fabuleuse madame Nhu. Le problème de l'Irlande du Nord ne serait rien pour elles sans Bernadette Devlin, et le drame que fut la stérilité de Soraya a vraisemblablement contribué davantage à leur connaissance de l'Iran et des questions qui s'y posent, que tout ce qu'on a pu publier d'autre sur ce pays.

L'acte politique que doit en tout premier lieu accomplir un monarque ou un homme d'État est donc de se marier avec une femme autant que possible photogénique. On n'a qu'à s'imaginer l'avantage qu'Israël ou l'Inde tireraient de Golda Meir et d'Indira Gandhi, si toutes deux étaient belles selon les canons rigoureux de la femme, si leurs photos ornaient les couvertures des illustrés féminins à la place de Grâce de Monaco, de Sirikits de Thaïlande ou de Farah Dibah. Les reportages sur leur pays respectif auraient alors pour titre : « Les joyaux de Golda Meir » et « Ce qui plaît tant aux hommes chez Indira Gandhi », ce qui permettrait — accessoirement — d'expliquer sans arrêt à la moitié de l'humanité qui détient l'argent, que par exemple tout va mal en Israël, qu'en Inde tant et tant de centaines de milliers d'enfants meurent chaque année de faim (et qu'on pourrait facilement y remédier avec les sommes qu'elles dépensent en vernis à ongles et en dissolvants).

# DU MASQUE DE LA FÉMINITÉ

E ntre une femme et un homme, tous deux non fardés, chauves et nus, il y a très peu de différence. À l'exception des organes qui servent à la reproduction de l'espèce, tout ce qui distingue aujourd'hui l'homme de la femme est un produit artificiel. L'enfant-homme devient homme en développant son intelligence et sa productivité, fille de son intellect, alors que son aspect extérieur demeure presque inchangé. L'enfant-femme devient femme à la suite d'un abêtissement graduel et d'une transformation de son aspect extérieur : la différenciation exagérée des sexes est donc exclusivement son œuvre.

Pour atteindre la « virilité », un homme subit, nous l'avons vu, un dressage des mains de la femme.

Quant à elle, elle se métamorphose au moyen d'une mise en scène dont elle est l'auteur, elle devient féminine à grand renfort de cosmétiques, de coiffures et de déguisements. Cette féminité artificielle se compose de deux éléments : l'accentuation, que nous avons déjà décrite, de ses caractères sexuels secondaires, et le port du *masque,* qui lui confère une étrangeté voulue. À force de masques nombreux et divers, elle arrive toujours à atteindre son but : marquer autant que possible la différence entre elle et l'homme quel qu'il soit.

L'accentuation de ses caractères sexuels secondaires la rend désirable à l'homme, et sa mascarade la voile d'un mystère grâce auquel elle devient pour lui le sexe étrange, chatoyant, l' « autre » sexe, si bien qu'il se soumet encore plus volontiers à elle. À l'aide du vaste éventail de possibilités de transformation dont elle dispose, une « vraie » femme a chaque jour un aspect légèrement différent, et chaque fois, elle surprend l'homme une fois de plus, frappe son imagination. En outre, elle gagne du temps : pendant qu'il peine pour redécouvrir la femme d'hier sous son apparence nouvelle, elle peut en toute tranquillité réaliser ses projets, manœuvrer, acculer l'homme si possible dans l'impasse d'où il ne sortira plus, détourner son attention de l'odeur de putréfaction que dégage, sous un masque séduisant, un esprit en constante décomposition.

Par conséquent, vis-à-vis d'une autre femme, une femme se considère seulement comme une matière première : ce n'est pas le matériau qui compte, mais ce qu'on tire de lui. Sans maquillage, sans coiffure et sans parure, les femmes n'existent pratiquement plus, ce qui explique pourquoi tant d'entre elles vont et viennent avec un sans-gêne total, hérissées de bigoudis et le visage enduit de gras : elles ne sont pas là, elles ne seront là qu'une fois prêtes ! Elles se convainquent de cette fiction d'autant plus facilement que l'intelligence ne les gêne pas.

Pour que cette métamorphose en femme réussisse, elles ne s'épargnent aucun mal. Aucun soin de beauté ne leur demande trop de temps, ne leur coûte trop cher quand il s'agit de fabriquer le produit fini qui les distingue de l'homme de façon si frappante. Plus la femme s'enduit la peau de gras et plus cette peau s'affine et se différencie de celle de l'homme ; chaque fois qu'elle ondule ou boucle sa chevelure, c'est un pas de plus dans le sens de cette différenciation : et quand elle cerne ses yeux d'un fard sombre, ils ne deviennent pas plus beaux que ceux de l'homme, certes, mais tactiquement autres, étranges, mystérieux et irrésistibles.

Aujourd'hui, on a presque oublié ce sens originel de la mascarade féminine. Comme la femme de la bourgeoisie, grâce au bien-être que lui procurent les hommes, est passée au cours des dernières dizaines d'années du stade de la ménagère occupée à celui d'une sorte de fille entretenue, sa comédie intéressée d'autrefois a acquis, en ce qui concerne son aspect physique, un caractère évident d'autonomie. Avec le temps et l'argent dont elle dispose, elle doit plus que jamais se distraire. Comme jouer avec son corps est l'une de ses distractions préférées, son seul plaisir souvent — car il faut bien qu'une maîtresse de maison fortunée remplace par quelque chose le peu de travail qu'elle ne fait plus — tout et tous l'encouragent à forcer ce jeu, les hommes qui produisent les outils de ses fards, ou projettent et réalisent ses vêtements et ses coiffures, ceux qui vivent de lui proposer sans cesse de nouvelles variations à cette mise en scène perpétuelle, journalistes de la radio féminine et des périodiques féminins. Ainsi se développe chez les femmes toute une culture qui leur est propre, une série d'occupations artificielles à l'ombre desquelles elles mènent entre elles une vie absolument sereine qui les entraîne sur des hauteurs — disons plutôt dans des profondeurs — où l'homme qui n'est pas un esclave spécialisé voué à ce jeu, ne peut plus les suivre.

Voici par exemple le conseil que donne un hebdomadaire féminin réputé à une lectrice qui se plaint d'avoir à ses lèvres des plis par trop profonds :

« Veillez à ce que la muqueuse de vos lèvres demeure souple, brossez-les chaque jour doucement avec une brosse à dents humide, enduisez-les plusieurs fois par jour de pommade. Faites votre choix parmi les rouges à lèvres sans reflet nacré, car ils ne s'infiltrent pas aussi bien dans les rides. » Voici d'autres conseils à toutes les lectrices : « Mesurez-vous bien : votre tour de hanches ne doit pas dépasser votre tour de taille de plus de vingt-cinq centimètres ni votre tour de buste de plus de huit. »

« Brossez toujours vos sourcils et disposez-les bien avant de les retracer. Ne les colorez pas d'un trait uni, mais par petits coups de pinceau, poil par poil. Pour faire naturel, ajoutez quelques traits presque perpendiculaires près de la racine du nez et n'oubliez pas de mélanger deux couleurs, par exemple du gris et du brun. » « Suspendez un miroir dans votre cuisine ; il vous aidera à vérifier si vous ne grimacez pas inconsciemment en préparant vos repas et si votre front demeure lisse : il vous rappellera également le désordre de votre coiffure. »

Et les femmes, reconnaissantes de chaque nouvelle règle du jeu qu'on leur propose, n'ont pas assez d'imagination pour lui opposer les mêmes, les suivent scrupuleusement : elles mesurent leur tour de hanches, brossent leurs lèvres, peignent leurs sourcils par petits coups et, pour éviter de se rider, suspendent des miroirs partout dans leur cuisine. Elles attendent ensuite qu'on leur propose un nouvel amusement. Il existe vraiment des femmes qui baignent quotidiennement leurs seins pendant dix minutes dans l'eau froide (« Ça les raffermit »), qui sans être malades s'enduisent d'huile, chaque matin, le corps entier, qui tous les deux jours s'endorment avec au moins trente bigoudis sur le crâne et qui mettent plus d'une demi-heure uniquement à se farder. Et comme grâce à ces activités que l'homme juge absurdes, ces femmes lui paraissent de plus en plus étranges et imprévisibles, par conséquent de plus en plus *féminines*, c'est fréquemment à elles qu'il s'asservit le plus volontiers.

Entre-temps, le jeu se poursuit. Toute femme qui veut elle aussi s'y livrer et ne pas perdre contact avec cette coterie doit sans cesse observer de nouvelles règles. Car les hommes sont depuis longtemps sur la touche, les exigences des femmes les unes envers les autres sont énormes, les possibilités de distraction que leur offre leur corps ne font que croître à l'infini. Il est donc inévitable que beaucoup de femmes s'arrêtent à mi-course pour se consacrer de nouveau aux amusements du ménage.

Du fait des différences de revenus des maris, il se crée ainsi des différences de classes entre les femmes selon la cherté des masques qu'elles portent, les premières servant d'idoles aux autres et leur offrant une sorte de plaisir de substitution, grâce à la perfection d'une mascarade que toutes suivent de près par le truchement des publications féminines spécialisées.

Mais même pour les femmes dont les masques sont ceux de la classe moyenne, les règles du jeu se compliquent sans cesse : par exemple, elles ne peuvent plus se baigner l'été sans un maquillage résistant à l'eau, des jambes et des aisselles scrupuleusement épilées, le corps enduit de gras, les cheveux relevés sous un bonnet de bain à fleurs de caoutchouc. Pour aller au supermarché, il leur faut au moins une crème de jour mate, un soupçon de rouge à lèvres et une ombre brun clair autour de l'œil. Pour les enterrements, il existe un fond de teint très clair et un rouge à lèvres presque invisible sous la mantille noire. Se farder et s'habiller pour un cocktail des plus simples où elles ne resteront peut-être que deux minutes, leur demande des heures. Il suffisait hier d'un simple trait sous les paupières, aujourd'hui il en faut trois, blanc, or, et vert. Pour leurs lèvres elles doivent avoir de la crème, un crayon à dessiner les contours, une autre crème nacrée et une poudre spéciale. Elles ne peuvent plus se coller leurs faux cils d'un seul coup, comme précédemment, mais cil par cil (« Ça fait plus nature »), et à leur chevelure elles mêlent de plus en plus souvent des faux cheveux qui, naturellement, doivent être tenus aussi propres que les vrais et toujours fraîchement bouclés.

Rien que pour faire ses yeux et ses sourcils, voici ce dont une femme a besoin : deux bandes de faux cils avec, pour les fixer, une colle spéciale et une pincette ; un bâton de noir mascara, du fard spécial pour cils, un *eyeliner,* trois fards de couleur différente pour les paupières, deux fards bruns, de la poudre brune avec un pinceau aux poils coupés obliquement, une petite brosse à sourcils, du tissu huileux pour le démaquillage et une crème spéciale pour les yeux.

Les hommes ont beau adorer leurs déesses étranges et scintillantes, si « féminines », ils n'acceptent pas de les voir, heure après heure, esclaves de leur miroir, et cette évolution leur devient de plus en plus désagréable. Tout comme pour les soins du ménage qui choquent à leurs yeux la dignité humaine, ils n'arrivent pas à concevoir le plaisir que les femmes tirent de leurs soins de beauté. Tout homme est capable de juger de l'absence totale de valeur que comporte le temps passé à se mettre trois couleurs différentes sur les paupières, tout comme il sait qu'il n'a nul besoin d'avoir une plante verte dans sa chambre à coucher ni de rideaux de dentelles à sa fenêtre. Mais il croit, comme pour le travail ménager, que ce sont les autres hommes et *la société* qui exigent qu'une femme s'occupe de toutes ces choses ; il le déplore et se sent personnellement responsable de cette évolution. C'est qu'il a conscience d'accorder, comme tous ses semblables, une grande valeur à l'aspect d'une femme, à son symbolisme sexuel et à une certaine étrangeté que lui confère son fard, sans exagération toutefois. Il ne se demande pas ce qu'il y a d'autre en elle qui pourrait l'attirer : sa bêtise, sa pauvreté de sentiments ? Il en déduit au contraire qu'en s'occupant inlassablement de son corps, elle cherche avec seulement un peu trop de dévouement à lui donner ce qu'il demande et, profondément ému, il se sent plus coupable que jamais. Avec ses besoins primitifs, se dit-il, il transforme sa propre femme en objet (en *objet de désir),* il opprime sûrement toutes les qualités précieuses qu'elle a en elle (il pourrait les chercher longtemps). Et évidemment, il passe une fois de plus juste à côté de la vérité. Car dans son propre intérêt il refuse d'admettre que l'ensemble de cette évolution constitue le plus haut niveau qu'ait atteint jusqu'ici la culture féminine, que la mode et les cosmétiques ne transforment pas les femmes en *objets,* mais que l'emploi constant qu'elles en font en tant que *sujets* correspond à une activité intellectuelle et spirituelle d'une primitivité absolue.

Et il y a encore quelque chose qu'il ne peut savoir : c'est que la manière dont une femme se crée, pour ainsi dire chaque jour, une nouvelle personnalité, cette façon continuelle, grâce aux masques divers qu'elle arbore, de se métamorphoser en une étrangère à elle-même, non seulement l'amuse, mais satisfait ce besoin très faible de religion qui, comme nous l'avons vu dans le chapitre « L'angoisse de la liberté », est conditionné par sa carence intellectuelle. Chaque étape de cette transformation perpétuelle exige d'elle une attitude critique, neutre, envers elle-même ; pratiquement elle est obligée de se considérer avec les yeux d'une observatrice étrangère et de vérifier ainsi son œuvre mille fois au cours d'une même journée. Il s'ensuit, lorsque la métamorphose est réussie et que sa mascarade comble les exigences des étrangers et même les dépasse, qu'elle est capable de s'admirer vraiment sans en ressentir la moindre gêne. Ce nouvel artifice la met à même de pouvoir s'adorer, et lui permet d'ignorer tous les systèmes grâce auxquels l'homme cherche à apaiser l'angoisse que lui cause sa liberté : idéologies, religions, adoration d'un être autre que soi.

Tout ce que les femmes entreprennent et qui sert toujours à les embellir force les hommes à en tirer une conséquence logique : les femmes n'admettent en aucun cas que les hommes sont beaux, même quand elles ont de la considération pour eux. Elles le disent : « Un homme ne doit pas être beau », et les hommes reprennent cette phrase passée en proverbe sans même une arrière-pensée. Manifestement, non seulement ils ne *doivent* pas être beaux, mais ils ne pourraient l'être, même s'ils le désiraient, aux yeux des femmes. Si les femmes se trouvent belles (et personne n'en doute) *dans toute la niaiserie de leur mascarade,* il est évident que l'homme, dans ses vêtements uniformes, avec son visage sans fard, leur paraît dépourvu de beauté. Pour la femme, l'homme est dans le meilleur des cas de la matière première, une ébauche. Dans un certain sens, il lui semble toujours laid, si bien qu'elle peut ignorer totalement son physique au moment de faire son choix et se décider en toute liberté, c'est-à-dire d'après le niveau de vie qu'il peut lui offrir.

Cette condamnation doit avoir choqué récemment des hommes particulièrement sensibles puisqu'ils ont essayé de s'embellir, d'après l'étalon de la beauté féminine, pour tenter sans doute d'impressionner les femmes par leur aspect extérieur. Cette tentative de percée a pour ainsi dire échoué. D'abord, il est impossible que les hommes atteignent du soir au matin l'idéal que les femmes cultivent depuis des générations (les cheveux longs d'un homme sont loin d'être aussi soyeux, sa peau est plus rêche et son habillement n'a pas l'extravagance exquise de celui de la femme). Ensuite, les légions d'hommes asservis ont réagi immédiatement en expulsant ces traîtres de leur communauté et en leur interdisant autant que possible toutes possibilités de gain.

Aujourd'hui seuls parmi les hommes portent encore des masques ceux qui, poètes, peintres, musiciens d'orchestres « beat », comédiens, journalistes et photographes, gagnent justement leur vie grâce à leur mascarade qui fait d'eux les bouffons de la bourgeoisie. Chacun d'eux, ou presque, a une femme qui redépense aussitôt cet argent. Pour le poète, c'est sa muse, pour le peintre, son modèle, et pour les jeunes musiciens de l'orchestre « Beat », la *groupie* qui vit à leurs frais ! Et si jamais cheveux longs et colliers devaient s'imposer pour les hommes — c'est possible, tous les cent ans la mode masculine enregistre de petites variations dues à l'évolution des conditions de travail — ces cheveux longs auraient bientôt exactement la même longueur, et le collier deviendrait aussi discret et aussi réservé que la cravate dont il aurait pris la place.

# LE MONDE DES AFFAIRES, TERRAIN DE CHASSE

Les nombreuses femmes qui travaillent, secrétaires, ouvrières, vendeuses, hôtesses et serveuses, qu'on rencontre partout, les jeunes filles sportives qui peuplent en nombre toujours plus élevé les universités et les grandes écoles, pourraient faire croire que la femme a changé du tout au tout au cours des vingt dernières années. On pourrait en déduire que la jeune fille moderne, plus loyale que sa mère ou peut-être prise d'une grande pitié pour sa victime, a décidé de ne plus exploiter l'homme mais de devenir son associée.

Cette impression est trompeuse. Il n'est qu'un acte unique important dans la vie d'une femme : choisir l'homme qui lui convient. Il lui est permis de se tromper sur tout le reste, mais jamais sur ce point. Aussi s'arrange-t-elle pour faire ce choix là où elle peut juger le mieux ces qualités viriles dont tout dépend : là où l'homme étudie et là où il travaille. Bureaux, usines, facultés, universités, ne sont pour elle qu'une gigantesque foire au mariage.

Le milieu qu'elle choisit en fait pour appâter son futur esclave dépend surtout du revenu de l'homme qu'elle a déjà asservi : son père. Les filles des hommes aux revenus élevés cherchent leur mari de préférence dans les grandes écoles et les universités qui leur offrent le plus de chances de dénicher l'oiseau qui gagnera au moins autant. Enfin, des études *pro forma* et provisoires sont plus commodes qu'une occupation professionnelle. Les jeunes filles d'un foyer plus modeste s'engagent, toujours provisoirement et avec le même objectif, dans une usine, un magasin, un bureau ou un hôpital. Ces deux formes d'engagement temporaire durent jusqu'au mariage, jusqu'à la grossesse dans les cas difficiles, et elles présentent un grand avantage : chacune des femmes qui épouse aujourd'hui « le garçon de son choix » abandonne pour lui un emploi ou des études. « Sacrifice » oblige !

L'emploi et les études féminines faussent non seulement les statistiques, mais servent à asservir l'homme de façon encore plus désespérante, car pour l'homme et pour la femme, carrière et formation sont deux choses totalement différentes.

La carrière de l'homme est pour lui une question de vie ou de mort. Ses années de jeunesse sont justement les plus décisives pour son avenir : l'homme qui, à vingt-cinq ans, n'a pas encore pris le chemin des hauteurs est considéré comme un cas sans espoir. C'est le moment où il déploie toutes ses facultés dans une véritable lutte au couteau avec ses concurrents. Sous le masque d'une confraternité généreuse, il ne cesse d'être aux aguets. Il enregistre anxieusement chaque indice de supériorité chez autrui, chaque signe de faiblesse aussi pour en tirer immédiatement avantage. Et pendant ce temps-là, il n'est toujours que le tout petit rouage d'un gigantesque mécanisme économique qui l'exploite d'après toutes les règles de l'art : s'il maltraite un subordonné, il se blesse surtout lui-même, car les ordres qu'il donne ne sont que ceux, venus d'en haut, qu'il transmet. L'éloge éventuel de ses supérieurs n'a jamais pour but de lui causer de la joie, mais de le stimuler davantage encore. On l'a dressé à être fier, à être homme d'honneur, or chaque journée de sa vie professionnelle n'est qu'un enchaînement sans fin d'humiliations : il doit s'enthousiasmer pour des articles de série qui ne l'intéressent aucunement, rire de plaisanteries de mauvais goût, défendre des opinions qui ne sont pas les siennes. Et surtout il ne doit pas oublier une seconde que la plus petite négligence peut signifier un recul comme un simple mot mal à propos la fin de sa carrière.

La femme pour laquelle il s'expose toujours en première ligne à de tels combats, les voit se dérouler sous ses yeux avec placidité. Pour elle, sa période de vie professionnelle est celle des flirts, des rendez-vous, des taquineries, avec pour prétexte un peu de travail auquel n'est lié aucune responsabilité. Elle sait que tout cela passera, et quand ce n'est pas le cas, au moins a-t-elle vécu sur cette illusion pendant des années. Elle assiste aux luttes des hommes à une distance sûre, applaudit à l'occasion l'un des combattants, le blâme ou l'encourage. Et tout en lui préparant son café, en ouvrant son courrier, en écoutant ses conversations téléphoniques, elle calcule son coup, de sang-froid. Dès qu'elle s'est trouvé « l'homme de sa vie », elle se retire du terrain qui devient libre pour la génération suivante des femmes.

Il n'en est pas autrement lorsqu'elle étudie. Il y a plus de femmes que jamais dans les « collèges » et universités des États-Unis, et pourtant le nombre de celles qui terminent leurs études est inférieur à celui d'avant la Seconde Guerre mondiale. Tandis que les étudiantes pensent à leurs toilettes de printemps pendant les cours magistraux, dissèquent des cadavres avec des doigts aux ongles laqués de rouge que ne dissimulent plus les gants de caoutchouc transparents, leurs collègues masculins sont toujours confrontés au même problème du tout ou rien. Il suffit à une femme d'une bague de fiançailles pour terminer ses études, l'homme doit avoir bien autre chose qu'un diplôme. Un diplôme s'obtient facilement en apprenant par cœur, et il est peu d'examens où l'on peut distinguer les connaissances réelles du bluff. Mais l'homme doit comprendre ce qu'il en est. Son succès matériel, son prestige et souvent la vie d'un autre être humain, dépendront plus tard du degré de pénétration d'esprit qu'il a mis dans ses connaissances.

La femme ignore donc ce que c'est de lutter. Lorsqu'elle interrompt ses études pour épouser un maître de conférences à la faculté, elle atteint sans faire d'effort le même niveau social que lui. Épouse d'un patron d'usine, on la traitera encore avec plus d'honneur alors que cette même usine ne pourrait l'employer, dans le meilleur des cas, que comme ouvrière à la chaîne. Femme, elle jouit toujours du niveau de vie et du prestige social de son mari et n'a donc pas à se préoccuper d'y parvenir elle-même : c'est lui qui se charge de tout. Ainsi, la voie la plus courte au succès demeure toujours pour elle le mariage avec un homme qui a réussi. Pour tout obtenir, elle n'a donc besoin ni de zèle, ni d'ambition, ni de persévérance, mais simplement d'un physique attirant.

Nous avons déjà parlé des exigences des hommes bien dressés, quant au physique féminin. Les meilleures dompteuses d'hommes attrapent automatiquement, sans le moindre effort, ceux qui réussissent le plus brillamment dans la lutte pour la vie. Comme les femmes que l'on dit « belles » ont, depuis leur plus tendre enfance, la vie la plus facile, qu'elles ont donc ressenti encore moins que les autres la nécessité de développer leurs dispositions intellectuelles et spirituelles et que l'intelligence s'étiole faute de concurrence, on est obligé d'en déduire logiquement que les hommes qui remportent le plus de succès dans leur profession épousent les femmes dont la bêtise atteint les proportions les plus considérables. À moins qu'on ne considère le tour de main par lequel elles se transforment en hameçons comme une prouesse intellectuelle.

C'est devenu presque un cliché : l'homme, patron d'usine, financier, grand armateur, chef d'orchestre, arrivé au sommet de sa hiérarchie professionnelle, au sommet de son succès, épouse, le plus souvent en secondes ou troisièmes noces, un modèle de photos. Quant aux hommes riches de naissance, c'est dès leur premier mariage qu'ils s'offrent ce genre de « super-femme » pour ensuite en changer de temps à autre. Or la plupart de ces filles ont à peine fréquenté l'école primaire et jusqu'à leur mariage, n'ont rien fait d'autre que de poser gracieusement devant des caméras. Elles n'en sont pas moins riches virtuellement du fait de leur beauté.

Toutes ces femmes, sans exception, « renoncent à leur carrière par amour ». En tout cas, c'est ce qu'elles disent à leur mari, et il les croit. La pensée que sa proposition de mariage épargne à cette femme la peine de préparer son bachot ou un examen à la faculté est beaucoup moins flatteuse pour lui. Aussi la chasse-t-il de son esprit pour s'enivrer de l'amour absolu qu'elle lui jure. En la jugeant d'après sa propre échelle de valeurs, qui sait, se dit-il, peut-être serait-elle devenue un jour une chirurgienne célèbre, une ballerine fêtée, une journaliste brillante, et elle abandonne tout ça pour moi ! Jamais il ne soupçonnera qu'elle préfère de beaucoup être la femme d'un chirurgien réputé et bénéficier de son revenu et de son prestige sans avoir son travail ni ses responsabilités. Il s'acharnera à lui faire une vie aussi agréable que possible pour quelle ne regrette jamais son immense sacrifice.

Dans les nations industrielles, un petit pourcentage des étudiantes décrochent leur diplôme universitaire avant le mariage. À part quelques exceptions, il s'agit des filles les moins attirantes physiquement et qui n'ont pas réussi, au cours de leurs études, à se procurer la main-d'œuvre qu'elles puissent utiliser. Ce diplôme augmente automatiquement leur valeur marchande, car il existe un type d'hommes qui, à conditions qu'ils en aient un eux-mêmes, se sentent personnellement flattés par le titre universitaire de leur femme (« Bon Dieu, ce que je dois être intelligent pour qu'une femme aussi cultivée s'intéresse à moi »). Et si son bas-bleu a tant soit peu de sexe, il monte du coup au septième ciel.

Il en retombe vite. Car médecin, juriste ou sociologue, sa femme « sacrifiera » sa carrière ou du moins la fera passer au second plan. Elle s'établira dans une belle villa de la banlieue riche, mettra des enfants au monde, s'occupera de ses corbeilles de fleurs et remplira son foyer de toute la camelote habituelle. En quelques années, ses distractions féminines lui auront fait oublier le peu de connaissances professionnelles qu'elle a appris par cœur, pour devenir exactement ce que sont ses voisines.

# DE LA FEMME "ÉMANCIPÉE"

Il existe pourtant des femmes qui mènent une vie professionnelle, bien qu'elles aient vingt-cinq ans et plus. Il peut y avoir à cela des raisons diverses :

*a)* La femme a épousé un « raté » (c'est-à-dire un homme qui ne gagne pas assez d'argent pour financer les orgies de camelote de sa « moitié ») ;

*b)* La femme, pour des raisons biologiques n'a pas d'enfants. (Certains hommes, une fois leur désir assouvi et disparu, ne voient alors aucune raison de continuer à subvenir à ses besoins).

*c)* La femme est *laide ;*

*d)* La femme est *émancipée ;*

*e)* La femme s'intéresse à une certaine profession (et renonce *a priori* à l'esclave mâle et aux enfants).

Les motifs a) et b) ont des points de ressemblance.

Beaucoup plus importants sont les deux suivants, car on considère souvent que la femme laide est émancipée, ce qui est faux. Quant aux chances qu'il y a de rencontrer un exemplaire de la dernière catégorie, la femme qui renonce à son confort et à son serf à cause de sa vie spirituelle — ou simplement par honnêteté — elles sont presque nulles.

La femme *laide,* celle qui l'est selon le goût de l'homme, soit parce que ses caractères sexuels secondaires sont insuffisamment développés ou pas assez mis en valeur, soit parce que les traits de son visage manquent du baby-look obligatoire, travaille pour la même raison que l'homme ; parce que personne ne le fait pour elle. Mais, tandis que le gain de l'un sert à nourrir également sa femme et ses enfants, la femme laide garde pour elle l'argent qu'elle gagne sans financer avec lui l'existence d'un beau jeune homme.

Ce genre de femmes est souvent terriblement intelligent. Au début, comme toutes les autres, elle a suivi les conseils de sa mère et, dans l'espoir de disposer un jour d'un travailleur homme, elle a laissé dépérir ses facultés intellectuelles. Mais au fur et à mesure qu'elle prend de l'âge, ses chances d'attraper l'esclave en question deviennent de plus en plus minces. Que faire d'autre, sinon ramener à la surface ce qui lui reste de son intelligence et d'en faire le meilleur usage possible ?

Bien des femmes de ce groupe font de fort belles carrières. Écrivains, journalistes, médecins, avocates, il n'est pas rare qu'elles occupent une situation sociale très honorifique, justement parce qu'en tant que femmes intelligentes, elles sortent tellement de l'ordinaire. Du même coup, elles rendent à l'exploiteuse dans sa belle villa des services inestimables : « Vous voyez bien ce que nous sacrifions aux hommes, nous autres femmes. » Et l'exemple repoussant de ces monstres d'intelligence lui permet d'ajouter :

« Voilà ce que devient une femme qui travaille comme un homme : quelle laideur, quelle dureté, quel manque de charme... et de « féminité » ! Et naturellement l'homme préférera mille fois avoir dans son lit l'amputée du cerveau, car pour la conversation, il a tous les autres hommes.

Or, malgré sa réussite sociale, la femme laide n'entend pas renoncer à son statut spécial de femme : elle considère qu'il va de soi qu'on la regarde comme l'une des merveilles du monde en tant que « femme-qui-a-réussi-brillamment-au-point-de-vue-professionnel ». Il y a une sorte d'obscénité dans la manière dont ces femmes soulignent à tout instant leur « féminité ». Les photos de presse et les écrans de télévision où elles apparaissent dès qu'elles en ont l'occasion, nous les présentent avec leurs seins discoureurs étalés sur le dessus de leur grand bureau, en train de se plaindre des difficultés qu'elles rencontrent, « en tant que femmes », dans leur haute position.

Quoi qu'il en soit, la femme laide est dans une certaine mesure respectable, si on la compare à l'exploiteuse vulgaire. Certes, il suffit de voir son visage pour connaître la raison de sa respectabilité. Quelle y soit obligée est une autre histoire. Car la laideur ne comporte naturellement aucun avantage personnel.

Le cas de la femme soi-disant « émancipée » est plus compliqué. Tandis qu'il suffirait d'offrir un capital convenable aux femmes des trois premières catégories, y compris les laides avant leurs succès professionnels, pour qu'elles abandonnent sans rien demander de plus tous leurs projets de travail, la femme émancipée, elle, ne travaille jamais pour l'argent. Dans sa jeunesse, elle est par définition attirante et a toujours à sa main un esclave de bon rapport. Seule une femme qui est « belle » peut se dire émancipée. La femme laide, comme l'homme, n'a rien dont elle puisse s'émanciper : personne n'a jamais cherché à la corrompre, elle n'a pas le *choix*.

La femme soi-disant émancipée a elle aussi des enfants (le plus souvent un ou deux bien entendu), une habitation confortable et tous les symboles qui composent le statut de son groupe social. Mais elle ne limite pas ses distractions à son foyer ou aux bals masqués qu'organisent ses semblables par le sexe. Ce qui l'amuse le plus, c'est de se livrer à une occupation subalterne pour laquelle il y a toujours un public. On la voit flotter d'un air éthéré dans les couloirs des maisons d'édition et des rédactions de presse, dans les antichambres des grands patrons du film, de la télévision et du théâtre ; elle est assistante de metteur en scène, interprète, hôtesse de bureau de voyage, employée d'un grand joaillier, dans un magasin d'antiquité ou une boutique de luxe. Bref, partout où elle est sûre de rencontrer des gens riches et intéressants. L'argent qu'elle gagne, elle le dépense la plupart du temps en entier pour une mascarade qui lui permet de se présenter chaque jour à son lieu de travail dans une nouvelle mise en scène personnelle.

La femme soi-disant émancipée est aussi bête que les autres, mais elle n'aime pas le paraître : le jugement qu'elle porte sur les ménagères est des plus négatifs. Elle s'imagine que le fait d'accomplir un travail qui ne serait pas indigne d'un homme suffit à la rendre intelligente. Elle confond la cause et l'effet : les hommes ne travaillent pas parce qu'ils sont tellement intelligents, mais parce qu'ils le doivent. Si on les délivrait de leurs obligations financières, s'ils étaient aussi libres qu'une maîtresse de maison par exemple, la plupart d'entre eux commenceraient à employer leur intelligence de façon sensée. En règle générale, une femme bénéficie dans sa belle villa de banlieue de conditions bien plus favorables à l'exercice d'une activité intellectuelle ou spirituelle qu'entre une machine à écrire et un dictaphone.

Le travail de la femme émancipée lui offre rarement des difficultés ou l'occasion de prendre des responsabilités, et pourtant elle vit dans l'illusion qu'elle ne fait que cela.

Elle « remplit une tâche », affirme-t-elle, dont elle ne pourrait « absolument pas se passer ». Et pourtant elle ne se consacre jamais vraiment à son travail, car contrairement à la femme laide, l'émancipée ne s'y livre jamais sans ancre de salut : il existe toujours à l'arrière-plan un homme prêt à accourir à la première difficulté qu'elle rencontre.

Il lui semble injuste que ses collègues masculins grimpent plus rapidement qu'elle dans la hiérarchie de l'affaire, mais à cause de cela même elle ne prend jamais longtemps parti dans leurs luttes meurtrières. C'est ainsi : « comme femme », même émancipée, on n'a pas les mêmes chances. Au lieu de faire son possible pour modifier cette situation sur le lieu même de son travail, elle s'empresse de se rendre, fardée et couverte partout, comme un clown, de lamelles et de pailletés, aux réunions organisées par sa clique pour réclamer à grands cris l'égalité des droits. Il ne lui vient pas à l'esprit que ce sont les femmes elles-mêmes, et non les hommes, qui sont les responsables de cet état de choses, à cause de leur manque d'intérêt, à cause de leur bêtise, parce qu'on ne peut jamais compter sur elles, parce qu'elles sont à vendre au plus offrant, parce qu'elles se livrent à une mascarade imbécile, parce qu'elles sont toujours enceintes, et surtout à cause du dressage impitoyable qu'elles cherchent à exercer sur tous les hommes qui les approchent.

On pourrait supposer que le mari d'une femme soi-disant émancipée est moins malheureux que les autres puisqu'il n'est plus le seul à assumer la responsabilité du ménage. C'est juste le contraire : la femme soi-disant émancipée ajoute à son malheur. Car il a été dressé, comme tous ceux de son sexe, selon le principe du rendement, si bien qu'il est désormais condamné à toujours la devancer : la traductrice épouse un écrivain, la secrétaire un chef de service, la vendeuse d'art un sculpteur et la journaliste son rédacteur en chef.

La femme émancipée ne soulage jamais son mari : elle exige de lui plus encore que les autres. Plus elle grimpe, plus elle le talonne, impitoyablement, et il arrive souvent qu'une femme semblable, par hasard ou grâce à la protection d'un homme — car elle ne manque pas d'attraits — occupe réellement une position élevée. Si son mari ne se trouve pas dans le même cas, chaque augmentation d'appointements de sa femme devient pour lui un traumatisme, chacun de ses progrès professionnels une cause de panique. L'angoisse qu'elle puisse un jour le dépasser ne le quitte pas et il n'a pas un instant de repos. Follement jaloux des étrangers qu'elle fréquente, il se sent constamment inutile, superflu, toute son existence lui semble vaine car il s'imagine qu'elle n'a plus besoin de lui. Le bonheur de l'esclave, le seul que l'homme puisse encore ressentir après son dressage, lui est refusé.

Les enfants de la femme soi-disant émancipée eux non plus ne sont pas heureux. Elle n'est pas meilleure que le reste de son sexe, simplement différente : elle éprouve donc plus de plaisir à exécuter un travail de bureau imbécile qu'à s'occuper d'enfants intelligents. Et pourtant, son refus de la maternité ne dure jamais longtemps : on a besoin d'un enfant, n'est-ce pas, quand on est femme ; autrement il manque toujours quelque chose dans votre vie...

En principe, l'émancipée ne renonce à rien. Elle veut être à la fois au four et au moulin. Pour ne pas quitter son « activité si stimulante au point de vue intellectuel », elle met ses enfants à la crèche et en internat ou les laisse élever par une de ces ménagères qu'elle méprise tant. Naturellement elle ne fera pas seule le ménage, mais ensemble avec son mari, après les heures de bureau. Il aura la permission de s'entretenir « de façon stimulante » avec cette épouse dont l'esprit ne quitte pas les hauteurs intellectuelles, en cirant ses parquets, en arrosant ses petites fleurs et en astiquant son argenterie. Car l'émancipée ne renonce pas plus au bric-à-brac traditionnel de son clan qu'à l'esclave qui travaille pour elle ni qu'à des enfants.

Pour donner plus de poids à ses revendications en ce qui concerne les « privilèges » de l'homme, non ceux du guerrier mais les bonnes situations bien payées, la femme émancipée organise de temps à autre un « mouvement féminin d'émancipation ». C'est l'occasion d'attirer sur elle, à grands cris, l'attention du monde, d'épingler un insigne sur la veste à la dernière mode suffragette, d'allumer des bougies à la fenêtre de sa chambre à coucher pour mieux affirmer ses convictions politiques, de pincer les fesses des travailleurs du bâtiment devant le public de la télévision et de se livrer à d'autres minauderies semblables. Régulièrement, elle se délivre de ses « chaînes ». Comme les chaînes morales ou spirituelles lui sont étrangères, voici ce qu'elle entend par là : au début du siècle, elle a commencé par le corset, puis dans les années 60, le soutien-gorge (et pour que personne ne puisse ignorer cet événement sensationnel, son esclave a inventé pour elle la blouse transparente). La prochaine vague d'émancipation lui apportera peut-être sa libération du « maxi » long et malcommode, qu'elle a récemment ajouté, avec beaucoup de coquetterie et contre le désir des hommes, à son attirail de mascarade. Ce dont elle ne se libère jamais dans de telles occasions, c'est sa bêtise, sa niaiserie, son ridicule achevé, ses mensonges, la froideur de ses sentiments et son caquet d'une stupidité vertigineuse.

Évidemment, quels que soient ses gains, elle n'abandonne pas à l'homme son domaine, le foyer, pour assumer à sa place la responsabilité d'entretenir le ménage en assurant elle-même son prestige social. Beaucoup moins sensible que l'homme, souffrant par conséquent moins que lui de devoir accomplir un travail abrutissant, il se peut qu'une vie professionnelle la « comble », la rende « heureuse », mais jamais elle n'offrira à son mari, avec *son argent à elle,* la possibilité de se créer une vie meilleure. Ce n'est pas elle qui lui donnera du feu ou lui tiendra la porte pour qu'il passe, ce n'est pas elle qui souscrira une assurance sur la vie au profit de son conjoint ni qui lui consentira une pension alimentaire au moment du divorce. Ce ne serait pas du tout « féminin » ! D'ailleurs, un tel arrangement ne vient pas à l'esprit de l'homme, il est trop bien dressé. Après avoir embrassé son épouse l'émancipée, il s'essuie le visage pour en effacer les traces de crème, de poudre et de rouge à lèvres, et se plonge de nouveau, tête baissée, dans la lutte pour la vie.

# AMOUR, QU'ES-TU DONC ?

L'homme a été dressé par la femme pour qu'il ne puisse vivre sans elle et fasse tout ce qu'elle lui demande. Cette lutte pour vivre, c'est ce qu'il appelle *l'amour*. Il est des hommes qui menacent de s'ôter la vie quand celle qu'ils adorent ne les exauce pas. Ils ne risquent rien : ils n'ont rien à perdre.

Mais la femme elle non plus ne peut exister sans l'homme. Elle en est autant incapable que la reine d'une ruche d'abeilles. Il lui faut donc lutter pour vivre, elle aussi. Et c'est ce qu'elle appelle l'amour. Comme tous deux ont besoin l'un de l'autre, il semblerait qu'ils aient en commun au moins un sentiment. Mais chez l'homme et elles la femme, les causes, la nature et les conséquences de ce sentiment sont totalement différentes.

Pour la femme, amour signifie puissance ; pour l'homme, asservissement. Pour elle, c'est le prétexte de l'exploitation commerciale de l'autre ; pour lui, c'est l'alibi sentimental de son existence d'esclave. « Par amour », la femme ne fait que ce qui lui profite, et l'homme tout ce qui lui nuit. « Par amour », la femme cesse de travailler dès son mariage ; « par amour », l'homme en l'épousant, travaille pour deux. L'amour est chez eux lutte pour survivre, elle par sa victoire, et lui dans la défaite. Et par une ironie atroce, elle gagne pour ainsi dire tout à l'instant même où elle est le plus passive, et le mot « amour » lui confère l'auréole du sacrifice de soi alors qu'il lui permet d'abuser impitoyablement de la confiance de l'homme.

Avec l'amour, l'homme qui se trompe lui-même se dissimule sa lâcheté ; grâce à lui, il se persuade que son esclavage vis-à-vis de la femme et de ses otages est honorable et a une haute valeur morale. Il est dès lors satisfait de son rôle d'esclave, le but de ses désirs. Et puisqu'en plus ce système avantage la femme, pourquoi en changerait-on ? Certes, la femme en est corrompue, mais personne n'y trouve à redire, car on n'attend d'elle rien d'autre que l'amour qu'elle troque contre tout le reste. Les efforts que fait l'homme dressé pour l'esclavage l'y enfoncent davantage encore sans jamais servir son intérêt.

Il doit « rendre », et plus il rend, plus la femme s'éloigne de lui. Plus il lui prodigue d'avances, plus elle accroît ses exigences. Puis il la désire et moins il lui semble désirable. Et plus il l'entoure de confort matériel, plus elle devient paresseuse, bête, inhumaine, et plus il ressent sa solitude.

Seules les femmes pourraient briser ce cercle infernal de dressage et d'exploitation. Elles ne le feront pas, il n'existe aucune raison logique pour qu'elles le fassent. Et on ne peut espérer chez elles un élan du cœur, elles sont froides et sans pitié. Le monde se noiera donc de plus en plus dans leur camelote, dans leur barbarie, dans cette « féminité » imbécile, et les hommes, ces rêveurs merveilleux, ne s'éveilleront jamais de leurs rêves.

# AUTRES OUVRAGES

# L'homme manipulé

www.ingramcontent.com/pod-product-compliance
Lightning Source LLC
Chambersburg PA
CBHW070906270326
41927CB00011B/2473